康奈尔学习法

分区笔记法：记录→简化→复述→反思→学习

高吸收＋深记忆＋强输出

李丹丹 / 著

化学工业出版社

·北京·

内 容 简 介

本书是一本专注于提升学习效率的实用指南，系统介绍了康奈尔学习法及其配套的学习方法与技巧。通过科学的学习策略和实操性强的技巧指导，旨在帮助读者构建高效的学习体系，从根本上改变低效的学习模式，实现从"无效学习"到"高效学习"的转变。

图书在版编目（CIP）数据

康奈尔学习法 / 李丹丹著 . -- 北京：化学工业出版社，2025. 1. -- ISBN 978-7-122-46706-5

Ⅰ. G791

中国国家版本馆 CIP 数据核字第 2024ZK0232 号

责任编辑：罗　琨　　　　　　　装帧设计：韩　飞
责任校对：李露洁

出版发行：化学工业出版社
　　　　　（北京市东城区青年湖南街 13 号　邮政编码 100011）
印　　装：三河市双峰印刷装订有限公司
880mm×1230mm　1/32　印张 8¾　字数 143 千字
2025 年 10 月北京第 1 版 第 1 次印刷

购书咨询：010-64518888
售后服务：010-64518899
网　　址：http://www.cip.com.cn
凡购买本书，如有缺损质量问题，本社销售中心负责调换。

定　　价：48.00 元

为什么要学康奈尔学习法

身处信息爆炸的时代，学习已然成为我们每个人生活中不可或缺的一部分。在校期间，学习的重要性更是不言而喻。擅长学习的人，不仅能轻松应对学校的各种学习任务，还能留出时间发展兴趣爱好；不擅长学习的人，甚至无法有效完成老师布置的作业。同一个班级，同样的老师，为什么学生的成绩如此参差不齐？最主要的原因便是所用的学习方法不同。然而，面对众多学习方法，如何选择适合自己的，如何有效提高学习效率，令不少人头痛不已。

为此，我将在书中分享一种被广泛认可且实用的学习方法——康奈尔学习法。我们都知道，记笔记是学习中非常重要的一环，其对知识的理解与记忆帮助很大。而康奈尔学习法的独特之处就在于它关注如何做笔记。当然，更为重要的是，该方法更侧重于通过积极的学习态度和多元的学习方式，帮助每一位学习者深刻理解书本上的知识，并做到活学活用。

康奈尔学习法简洁明了、科学高效，吸引了无数学习者的关注。我本人也是其中一员。在使用康奈尔学习法的过程中，我深刻体会到了它对学习带来的巨大帮助。从迷茫到明确，从记不住到信手拈来，康奈尔学习法为我的学习之路带来了前所未有的改变。

在本书中，我将带领读者一起探索这个学习方法，以帮助大家更好地组织、理解学习材料，提高学习效率。同时，也希望大家通过学习康奈尔学习法，培养良好的学习习惯，提升自己的学习能力和创造能力。

第三章　如何记笔记：5R 笔记法　// 107

第六章 选对方法，从此爱上学习 // 229

康奈尔学习法：带你告别无效学习

康奈尔学习法对于学习有着积极的作用：它能促使我们主动反思学到的新知识；找到新知识与旧知识间的联系，融会贯通；深入理解并牢记所学知识。使用康奈尔学习法不仅省时省力，而且能帮助我们更好地掌握知识，有效提高学习成绩，是我们每个人都应该掌握的重要学习方法。

一、学习的本质：为什么要用康奈尔学习法

在从小到大的课业学习中，学校老师更侧重于对知识点、习题的讲解，鲜有老师告诉你该如何有效学习。家庭教育更甚，家长更多像学习过程中的监工，他们看到你坐在书桌前看书就安心了，也不在乎你有没有看进去，有没有真正掌握所学内容。这就导致我们中的大多数人根本不了解高效学习方法，甚至根本不在乎学习方法是否得当。

上初中那会儿，我同桌曾不止一次问我：你是不是总在家偷偷学习？她想不通为什么在同一间教室上课，总试图趁老师写板书的间隙聊上几句的两个人，考试成绩一个前几名，一个则是从后往前数的前几名。这到底是哪个环节的差异，导致学习成绩有如此大的区别？

当时的我其实也百思不得其解。我俩在学校总是一起行动，一下课就如同脱缰野马，冲到教室外面玩耍；放学回家都是一样只完成老师布置的家庭作业。当时在乡下上学，也

没有补习班，而且家里条件一般，没有专门的写字台，家里的桌子又太高，每天写作业只能趁天还亮的时候，在家门口的石阶上完成。

智商方面我俩也差不多，都没有过人之处，我同桌还比我更机敏一些。所以当时我的同桌以为我在家偷偷学习了，再加上我母亲是老师，她自然而然想着是我母亲给我开了小灶。实际上自打我上学，我母亲忙完学校忙家里，根本没空关心我的学习。

多年过去，再回头想想，当时我俩唯一的不同就是学习方法。虽然在老师写板书时总是忍不住跟同桌聊上几句，但不管上哪门课，老师讲解时，我都会尽全力跟着老师的思路，理解课堂内容并做好笔记。写作业时遇到不会的知识点，我不会马上翻参考书找答案，也不会空下来等第二天带到学校抄别人写好的，而是在第一时间翻书、翻笔记弄清楚这道题涉及的知识点，并在课堂笔记旁做好记录。

那时候乡下没有任何娱乐活动，大家晚上都睡得很早，一般七八点就躺下准备睡了，但我的精力似乎多得用不完，七八点对我来说太早了，根本睡不着。所以躺在床上，我会回想白天老师讲过的知识点、写过的题目，白天老师上课讲的内容就跟放电影一样，一幕幕出现在我的脑海中。

周末写作业之前，我也会将笔记翻出来，把记忆不深刻的地方用红笔圈出来，结合教材再理解一遍。在做题的过程中遇到不熟悉的知识点，也会再去翻笔记、翻教材。这样一来，不熟悉的知识点反复理解几遍后，自然而然就掌握了。

而我同桌不喜欢记笔记，她总说老师讲的内容课本上都有，课本上没有的教材全解上也都有，没必要浪费时间在这上面。当时的我，也没多想，毕竟我们两人性格相差较大，学习方法不同也很正常。

直到上大学后，无意间看到一篇介绍康奈尔学习法的文章，我才恍然大悟：原来我一直使用的学习方法就是低配版的康奈尔学习法，怪不得在学习上一直如此省力。

康奈尔学习法（也称为康奈尔笔记法）是康奈尔大学教育学教授沃尔特·鲍克（Walter Pauk）为了帮助学生提高学习效率创立的一种学习方法，主要通过科学、有效的笔记整理方式提高学生的学习效果。

康奈尔学习法要求我们首先将笔记纸分成三个区域：左侧为关键词或者问题区域，右侧为主要笔记区域，底部为总结（概要）区域。

康奈尔学习法的核心是记录、思考与复习，学习的目的是理解知识、记住并且会用。因此，学习的本质不是输入，而是从输入到输出的全过程，是将习得的知识经验有效地组织起来，并进行归纳整理，最终帮助我们解决考试乃至生活中遇到的各类问题。

就拿学习做菜来说，钻研菜谱只是第一步。只看菜谱没用，你得亲自下厨，在烧菜的过程中体会烧菜的步骤、需要放多少调料、该如何掌握火候等，烧完后还要及时反思总结，哪个环节发挥还行，哪个环节做得不好影响了口感，并做好记录，为下次的进步做准备。

你会发现菜烧过一遍，过几天再烧时，离开菜谱，很多细节会忘记，烧菜时还是需要时不时看看菜谱。如何解决这一问题？最简单且有效的方法便是每隔一段时间就烧一次菜。所谓熟能生巧，重复次数多了你就会发现自己对如何烧这道菜胸有成竹。

学习其他知识也是一样的，但又不完全相同。毕竟菜谱上的东西就那么多，但一堂课下来，知识点无数，所以我们需要把要点记录下来，记录要点是学习的第一步，也是学习中"学"的阶段。

学习完知识点后，还要学以致用，正如陆游所说："纸上得来终觉浅，绝知此事要躬行。"在学的过程中要不断反思总结，及时发现自己的薄弱点。

学习中还有一个令不少人头疼的问题，就是学了后面的忘了前面的。这不免让人产生懊恼的情绪。有不少学生问过我："怎么办啊，老师？我发现自己很笨，学到第二章，

第一章的公式就已经忘了，更别说其他知识点了。"

其实，遗忘很正常，即使是好学生，他们也会忘，但他们忘了会再去复习，重新记一遍。针对学习中最容易出现的遗忘，最好的方法就是做到康奈尔学习法中要求的复习，在学习中不断重复，忘了记，记了忘，反反复复，总有记住的一天。好比大家交朋友，刚开始谁都不熟悉，见面次数多了，成了老朋友，也就熟悉了。

我们背新单词时，第一眼看过去感觉很陌生，费了半天工夫记住，等到第二天却发现前一天记住的单词已忘得差不多了。就好像分班后第一天上学，很难一次性记住班里所有同学的名字。但大家相处十天半个月后，自然而然也就记住了。

记单词和记其他东西的过程是类似的。试图一次性记住所有不是明智的选择，也不太现实，我们要做的就是多次复习，跟它们熟悉起来，和它们做好朋友，这样不管是考试还是以后工作生活中要用，它们都会"站"出来帮你。

康奈尔学习法看似简单，但它直击了学习的本质，能有效帮助我们建立高效的学习流程，加深对所学知识的理解。

首先，康奈尔学习法能保证我们在课堂上积极主动地学习。相比被动接受信息式的学习，主动学习更能提高学习的专注度。在课堂上，我们主动将所学到的知识思考后用自己的语言记录下来，有助于理解和记忆。

记笔记的过程其实也是一次对知识点整理的过程。康奈尔学习法中所说的记笔记，不是把老师说的每个字都记下来，它强调的是在听讲的过程中形成自己的思考，跟着老师的思路，对所学知识进行简单的梳理之后，再进行记录，以便形成清晰的知识结构。

其次，康奈尔学习法将笔记页面分成三个区域，这样的设计让笔记主次分明，在后期的复习中能更容易抓住重点。

假设你正在学习英语单词"accident"（意外事件，事故），康奈尔学习法的分区设计可以促使你更好地理解、记忆单词的拼写、词义以及与之相关的表达。

你可以在右侧主要笔记区域记录单词的拼写及其主要的词义。

比如写下：accident——*n.*意外事件，事故

左侧关键词或者问题区域则可以记录对这个单词的疑问或者想深入了解的内容。

例如：accident 是可数名词还是不可数名词？ accident 和

incident 有什么区别？

　　底部的总结区域则可以总结涉及该单词的重点内容，需要时可以记录下与其他相关词汇的区别。

　　比如：accident 指具体的意外事故 / 事件，为可数名词。eg: a work accident（工作事故），a car accident（车祸）。

　　incident 也有意外事件的意思，但通常指代不重要或不太严重的事件。也就是说，相比于 accident，incident 的程度较轻。例如：a traffic incident（交通事故），a minor incident（小事件）。

　　很多同学记笔记像是在完成任务，记笔记更多是因为老师要求，往往自己也不清楚记笔记是为了什么，记的笔记也很少翻出来再看，从来不想着去复习、回顾。只是为了记笔记而记笔记，这无疑是在浪费时间。康奈尔学习法提倡反复多次复习，主动回顾笔记。

　　还是以英语单词 accident 的学习为例。复习时，先快速浏览笔记的主要区域，复习单词的拼写和主要意思。然后盖住总结区，试图用自己的话来回答关键词 / 问题区域的问题。

　　最后，查看总结区，查缺补漏，确保自己掌握了重点。复习过程结束后，可以在总结区加上自己的复习心得。比如何时复习的，掌握到何种程度。通过多次回顾与思考，可以帮助我们形成长期记忆，并能很好地将其用在实际问题中。

二、学习秘诀：康奈尔学习法的核心

为什么要学习？我想多数人学习无非是为了参加考试、考取证书抑或掌握某项技能，说到底都是为了自我提升。

要想达到以上目的，自我感动式的学习肯定不行。你课上密密麻麻记了一堆笔记、找学长学姐借来一摞学习资料，如果不加以思考、归纳、整理，这些都只是占地方的纸而已，不会成为你自己的东西；只有将知识进行归纳、整理、联结之后，我们才能真正掌握知识，并在以后的某一天加以利用。

康奈尔学习法最大的优点便是：在课上记笔记、课下整理笔记、反复复习笔记的过程中，促使我们主动思考，在简化、归纳总结、联结、反思的过程中学到知识，得到自我提升。

那么，到底该如何学习？

康奈尔学习法为我们提供了一个很好的模式。上课听讲的时候，我们就要开始思考老师课上所讲的内容到底要不要记下来，它值不值得我们记录。

下课后的简化、归纳总结、知识点间的联结乃至反思笔记的过程，都是对新知识再理解的过程，也是对新知识做出自己诠释的过程。整个过程都在引导我们主动参与到学习里，将知识刻在脑海中，成为自己的东西。

康奈尔学习法的核心之一便是深度思考。康奈尔笔记的主要区域为我们提供了一个思考的舞台。在课堂上，我们将老师所讲的内容尤其是比较重要的知识点记录下来，接着分析、拆解，在左侧栏记录提炼的关键内容或者问题，并在底部总结栏记录对知识点的概括总结或者对学习情况的反思。

这一过程可以充分激发我们对所学知识的思考，从被动学习的状态转为主动学习，从而加深对知识的印象。

生物课上，我们学习了细胞的结构和功能。我们可以在主要笔记区域记录细胞的各个组成部分和其功能；而在左侧的关键词/问题区域，我们可以写下这样的问题："为什么细胞是生命的基本单位？""细胞的主要组成部分有哪些？都有什么主要功能？""细胞的结构与功能之间有什么关联？"这一过程可以帮助我们深入理解细胞结构与功能的核心概念。

　　康奈尔学习法的另一个核心是整合记忆。学习是一个循序渐进的过程，我们不可能在短时间内掌握一门学科或者一项技术。在学习的过程中，我们往往需面对大量的碎片化知识。康奈尔学习法左侧的关键词／问题区域可以很好地帮助我们整合记忆，我们可以在该区域记录下新知识与已有知识的联系，也可以针对联系进行提问。在后期复习时，通过回顾联系或者回答问题来整合记忆。

　　比如前面提到的英语单词 accident，我们通过思考 accident 和 incident 之间的区别从而将新单词 accident 与旧单词 incident 联系在一起，找到它们之间的联系与区别，从而将不同的知识点连接起来，当你想描述一场事故时，马上能反应过来使用哪个词更贴切。长此以往，便能形成一个较为完整的知识体系，建立起全面、条理清晰的学习思维。

　　康奈尔学习法的最后一个核心是高效复习。我们常说"忘了记，记了忘"，遗忘这件事出现在学习的过程中太正常不过了。因此，复习是学习过程里必不可少的一个环节。复习有助于巩固强化记忆，能有效防止遗忘。康奈尔学习法强调的不是对所学知识的简单机械记忆，而是通过思考并探索知识背后的原理和规律，更加深入地理解知识。

　　康奈尔笔记左侧的关键词/问题区域具有激发记忆的魔力。在不看完整笔记的情况下回顾、测试所学知识，有效的复述能很好地帮助我们理解知识。比如在复习 accident 这个单词时，我们可以通过回答左侧栏的两个问题，对知识点进行主动回忆。

三、事半功倍：康奈尔学习法的高效原理

　　每次考试后看到成绩，总有人抱怨：我上课也认真听课了，放学回家也坐在书桌前花了数小时完成作业了，可成绩却差强人意。这些学生的家长也不理解：我家小孩学习明明挺用功，可成绩却为何一言难尽？

　　这些学生里其实有很多"假努力"的同学，他们学习就是为了做样子给老师、家长看，其实根本没走心。不过其中也有不少同学确实努力了，但由于学习方法不当，学习效率低下，别看他们在书桌前一坐就是几小时，但真正有效学习的时间并不多。

　　此外，大家在学习中还普遍存在一个严重的问题，那

就是学习主要靠输入加上死板的题海战术，这样的学习方法低效不说，长此以往还容易让学生丧失对学习的兴趣。

很多同学确实学习了，但你让他概括这一节课的主要内容，他却说不出来，问他所学内容有哪些东西能用到生活中去，更是不清楚。

康奈尔学习法之所以高效，就在于其主次分明的设计、学习过程中满满的参与感以及最后对知识的实践应用。它强调笔记精简及定期复习的重要性，要求我们不断复习和回顾所学内容，将知识点与自己的生活、经验联系起来，形成自己的思考和观点，巩固和深化学习成果，帮助我们高效掌握知识。

康奈尔高效原理一：主次分明的设计

康奈尔学习法将笔记分成三个区域使得学习笔记主次分明，重点突出，并且不会遗漏重要内容。

康奈尔高效原理二：满满的参与感

作为一名老师，我在教学的过程中发现，上课听讲、课后刷题固然重要，但要真正学会并掌握所学知识，更重要的是能高效输出所学内容，并不断反思、复盘，满满的参与感不仅可以激发学习兴趣，更能促进对学习内容的理解，从而更好地消化吸收，学习成绩自然也会得到显著提升。

康奈尔学习法之所以好用且有效，就在于它要求我们借助笔记，积极主动参与到学习的各个环节，加深我们对所学知识的理解和记忆。

我自己的切身体会，就是深度参与的学习很重要，虽然有时候一知半解、不求甚解也能应付通过考试，但是考完试，你学到的知识又会还给老师。学习一定不能糊弄，因为说不定有一天你要用到这些知识，甚至这些知识会成为你安家立命的本事。

什么是深度参与？就是在学习的每个环节都思考。思考什么？比如，思考当前学的新知识点跟之前的知识点有什么关联，思考在实践中如何使用，拿数学、物理等理科科目来说，做题就是实践的过程。

因此，做题这个过程必不可少，但不能为了做题而做题，你做了 100 道题，如果缺少了思考，效果还不如你认真思考、举一反三做 10 道题。

康奈尔高效原理三：实践出真知

康奈尔学习法要求我们能将所学知识应用于实践。通过思考关键词 / 问题区域的问题并回答相关问题，有效帮助我们深入理解所学内容，以便更好地将知识应用于实际情境。

小贴士

在英语学习中，不管学新词，还是学新语法，一定要造句。造句就是实践的过程。刚开始不要把造句想得太复杂，你可以从简单的短句子开始，循序渐进，慢慢地就可以造出复杂的长句了。比如，学了一个新单词 desire，你可以说 I have a desire to succeed。只有应用了新知识，才能理解得更加透彻，记得也更加牢固。

四、自我驱动：如何使用康奈尔学习法

在了解了康奈尔学习法的原理和优势之后，接下来我们将探讨康奈尔学习法的具体实施步骤和技巧，以及如何将其运用到学习中，提高学习效率和记忆能力。

康奈尔学习法的实施步骤

在现实中，大多数同学能意识到自己的学习方法、学习习惯有问题。他们也会试图了解更有效的学习方法和好的学习习惯，但每次执行起来都很困难，最大的困难就是无法长期坚持下去。

这其实很正常，因为"惯性"，人们在改变旧习惯时，

总是忍不住回到原来自己习以为常的轨道上去。就好比我们明知道自己的字不好看，买来字帖坚持了一阵子，但总是不经意间写回自己原本的字体，甚至在练字的过程中产生怀疑。所以，想改掉不好的旧习惯，我们需要时刻提醒自己忘记过去。

使用新的学习方法也是一样的，我们要做的就是在实际学习的过程中，坚持使用新的学习方法，直到其成为一种习惯。

那么如何使用康奈尔学习法？

第一步，在学习时，保持轻松愉悦的心情。

很多人一提到学习就百般不愿，严重一点的，一学习就摆出一副赴死的架势。你说，这种心态能学好吗？显然不能，你把学习当敌人，学习自然不会把你当自己人。

读者们不妨观察一下，学霸都不是厌学的人，他们甚至学着学着能笑出声来。所以，不管你一开始多么抵触学习，都要时不时来个自我提醒，给自己做个积极的心理暗示。比如，你可以告诉自己学习是一次次探索，在这个过程中你可以获得知识和技能。每一次学习都是一次自我提升，是不可多得的成长机会。

小贴士

以下是一些积极的心理暗示，可以时刻提醒自己：

"学习真有趣，我可太喜欢学习了。"

"即使学习过程中遇到困难，我也能很好地克服，取得优异的成绩。"

"我拥有无限的潜力，我要努力，努力一定会有回报。"

"学习 ×× 科真是一种享受，我沉浸其中，无法自拔。"

"每一次学习都是一次投资，所以我在不断成长。"

"学习是一种探索，我乐于探索新知识，也非常愿意挑战自己，超越自我，拓宽视野。"

"学习可以获取知识和技能，我的能力正在无形中提高。"

"失败没什么，这也是一次宝贵的学习机会。"

第二步，设定明确的学习目标。

很多时候，你做不成某件事，真的是因为你不想。当你的内心没有动力做某件事，那就真的难以投入其中。但当你内心深处真的很渴望实现某个目标时，强大的内驱力会促使你采取积极的行动，这样必然会取得成功。

　　拿我自己来说，虽然我嘴上一直说着要学好英语，但其实根本没把它当回事。只是在无聊的时候，才听听英文歌，看看英语博客之类的，完了还美滋滋地想，我学了英语。但这本质上就是娱乐休闲，我的词汇量、听说读写能力并没有得到提升。

　　后来出现的转机是，我决定去考雅思，于是开始背单词，练听力，做阅读题，学习如何进行口语表达，如何进行书面表达。虽然到目前为止还没去考试，但我切实感受到了自己英语水平的提高。而且在这个过程中，我感受到了系统学习英语带给我的成就感与满足感。

　　因此，在开始学习前，一定要明确自己的学习目标与学习动机。

　　首先，明确自己的学习目标。也就是说，我们首先需要明确自己想要学习的内容是什么，是学习一门新的技能、掌握某个学科的知识，还是提高语言水平等。还要弄清楚你为什么想实现这个目标，你学习的动机是什么，这对我们保持学习的热情至关重要。

　　其次，善于分解目标。学习是循序渐进的过程，很少有人能在短时间内掌握一门课的所有知识。从小我们的学习就是按部就班，每学期按照相应的教材完成我们的学习目标。同理，在阶段性学习中，我们也可以将目标分解成更小的、容易实现的若干小目标。这样一来，目标的可行性更高，而且每完成一次小目标带来的满足感与成就感，可以继续为下一个小目标提供动力。

排列组合是高中数学教材中令不少人头疼的内容，一下子学完此项内容的所有知识点会比较吃力，因此，我们可以考虑将这个学习目标进行分解。

首先，确定大的学习目标。具体为：掌握排列组合部分的基本概念和计算方法，并能熟练运用这些知识解决排列组合有关的问题。

接下来分解学习目标：

小目标 1——排列：掌握排列的定义和计算方法，会求解排列数（时间：1 ~ 2 天）。

小目标 2——组合：理解组合的定义和计算方法，会求解组合数（时间：1 ~ 2 天）。

小目标 3——应用：学习如何使用排列组合知识解决实际问题，每天通过做练习题巩固所学内容（时间：2 ~ 3 天）。

小贴士

分解学习目标使得每个目标都是具体的、可以衡量的，最终通过这种循序渐进的方式掌握排列组合知识。

　　再次，制订较为明确的学习计划。 我们每天要同时学习多门课程，如果不制订学习计划，很容易出现时间安排上的混乱，纠结到底该先学哪一门课，学哪一块知识，甚至可能在学英语时，还惦记着数学题，搞得大脑一片混乱，进而导致学习效率低下。

　　关于如何制订学习计划，合理安排学习时间，可以参考以下几点：

1. 制订日 / 周学习计划

　　日学习计划可以放在每天早上制订，而周学习计划则可放在周五下午制订。结合上一步确定的学习目标，确定每个时间段需要完成的具体任务，合理安排学习顺序，可以有效避免在学习过程中产生混乱，也可以有效减少拖延。

2. 合理安排学习时间

　　研究表明，大多数人的智商差异并不大，所以你在学习上取得的成绩更多取决于你投入的时间。这就是为什么花较多时间在学习上的学霸总是比不爱学习的学渣成绩好的原因。但我并不鼓励大家把时间都花在学习上，我们是活生生的人，学习不是我们生活的全部。

小贴士

　　我们只要投入足够的时间在学习上即可。也就是说我们只要合理安排并使用自己的时间，一样可以取得好成绩。

　　当然你如果喜欢花大量时间在学习上，那自然更好。我接下来讲的内容更多是讲给那些不愿意花太多时间在学习上的同学。时间就是金钱，这句话相信大家都听过。但大多数时候我们感受不到时间的价值，因为时间不像商品，获取时间不需要给谁钱。

　　但可以反过来想，如果你出卖时间，去帮某个出手阔绰的老板做事，假如这个老板付你的时薪是300元，那么浪费1分钟就意味着你失去了5块钱。实际上，时间的价值远高于这个数，时间是无价的，所以合理安排时间尤为重要。学习一旦没了时间压力，会变得很有意思。

　　此外，一定要将各门课程的学习任务安排到不同的时间段，每段时间只专注学习一门课程，并设定每门课程的学习时间。例如，早上8：00到9：50学习英语，10：00到11：50学习数学。这样可以适当保持学习的紧迫感，提高学习动力以及学习效率。

在这个过程中最好优先处理对你来说比较重要的课程，这样可以在精力较为集中的时候学习相对较难或者能提分的科目。

小贴士

不要忘记设置合理的休息时间。长时间持续学习，大脑会感到疲惫，这时候还继续学习，容易产生懈怠的情绪，进而导致学习效率低下。所以，在学习过程中一定要安排适当的休息时间。利用这段时间，伸伸懒腰，走动走动，身体、心情、大脑都将得到放松。

3. 调整学习计划

学习是动态的过程，因此学习计划也不是一成不变的，而是需要根据具体学习情况进行动态调整的。比如当你发现，学习过程中语文的学习进展很顺利，那么就可以适当减少语文的学习时间，把它挪给其他学着费劲的科目。相反，当你发现某门课程的学习进展不如预期时，可以适当增加在该门课程上投入的时间。及时调整学习计划可以帮助我们应对学习进度的变化，更有条理地推进学习。

最后，设置奖励机制。开始一个新的学习方法，无疑会比较别扭，而且极有可能难以坚持。所以我们可以设置一些小奖励来激发学习动力、提高学习积极性。奖励让我们在学习过程中可以获得非常及时的满足感，每完成一个学习目标，都能获得相应的奖励，让我们意识到认真学习就能获得回报，将学习视为愉悦的活动，从而愿意持续投入到学习中去，慢慢养成良好的学习习惯。

小贴士

虽然奖励有诸多好处，但也要注意奖励的适度性，要与学习目标相匹配。要注意学习本身才是最主要的，设置奖励只是为了辅助学习、增添学习的乐趣。

第三步，在学习过程中实施康奈尔学习法。

当你想学习某块新的知识或者想掌握一项新的技能，抑或对某个东西产生兴趣时，笔记是非常有用的。有些知识虽然现在用不到，但将来某一天也许会用到，在这种情况下笔记更是起着不可或缺的作用。因此，会记笔记对我们的学习起着至关重要的作用。

接下来，我将带大家一起使用康奈尔学习法记笔记，并借此达到高效学习的目的。

1. 拆分笔记

首先将你要记笔记的纸分成三个区域，分别为主要笔记区域、关键词/问题区域和总结区域。注意各部分的比例，以保证每部分都留有足够的书写空间。

主要笔记区域：主要记录主要的知识点、概念以及原理。记录的时候切记不要照搬，而是加以思考后，提炼出关键信息，再进行记录。

关键词/问题区域：记录主要笔记区域提炼的关键词，以及主要笔记部分的问题。提炼关键词、提出问题有助于深入思考和理解知识。

总结区域：主要用来总结学习内容。学习结束后，将概括总结的内容记在该区域，以加深对知识的理解与记忆。

比如，阅读一本书的时候，可以将书中的主要内容写在主要笔记区域。提炼其中比较重要的内容，将关键词或者涉及的问题记在关键词/问题区域。最后概括所读内容并将其记在总结区域即可。

2.主动、高效复习

　　复习是巩固知识、形成长期记忆的关键步骤。正如前文所说，复习的时候，可以利用关键词／问题区域主动回顾所学知识，来检验对知识的掌握程度。康奈尔学习法鼓励学习者在学习后的数天、数周甚至数个月进行复习，最终形成长期记忆。康奈尔学习法的神奇之处便在于，借助笔记多次复习、总结，不断深化对知识的理解，最终达成学习目的。

　　比如，在复习历史时，可以借助关键词或者问题来测试自己对历史事件的记忆程度，按学习计划定期复习，主动回顾笔记，最终将历史知识熟记于心。

在学习中应用康奈尔学习法

　　康奈尔学习法在高效学习新知识、思考并帮助理解知识、主动复习回顾知识等方面具有十分突出的表现。康奈尔学习法适用于课堂学习与复习、阅读、写作业与练习，同时也适用于各个学科的学习。

　　课堂学习与复习场景：使用康奈尔学习法做笔记，不仅主次分明，也方便后期多次复习回顾。

　　阅读场景：很多人阅读完，你问他刚才这篇文章主要讲了什么，很多人都会支支吾吾说不出来。此时就可以借助康奈尔学习法，在主要笔记区域记录阅读的主要内容，在关键词 / 问题区域写下与之相关的问题和想法，这样阅读的内容就会清晰地呈现在我们面前。

写作业与练习场景：做作业和做习题的时候，主要笔记区域记录作业题或练习的关键要点，对问题的思考和解答过程呈现在关键词 / 问题区域。这将帮助我们更好地理解、掌握解题方法，也方便我们举一反三，发现不足之处。

学科学习：康奈尔学习法适合任何一个科目的学习，无论是语文、历史、政治等文科科目，还是数学、化学、物理等理科科目，我们可以结合具体学科的特点及考试要求等，灵活使用康奈尔学习法的笔记和复习策略。

使用康奈尔学习法进行学科学习时，不同学科间的差异要求我们使用康奈尔学习法时要有针对性，因此，在学习过程中需要结合各学科的特点进行调整，将康奈尔学习法的效用发挥到极致。具体建议如下：

（1）明确各个学科的特点和学习重点。具体可以分析各学科的学习方法、知识结构、解题方法与技巧等。比如，数学、物理等理科学科更注重理性思维与逻辑推理能力；文科科目，历史更注重对历史事件的理解和记忆，英语则需要大量的阅读和听力输入，以及口语和作业的练习作为输出，输入与输出是培养英语语感和表达能力的关键。

（2）根据学科特点调整笔记格式。笔记要适应学科的学习内容，在数学学习中可以重点记录公式和解题方法；学习历史时可以结合大纲笔记法整理历史事件和时间线；在英语学习过程中可以通过绘制思维导图，将一些容易混淆的概念之间的关系可视化。

（3）整合知识联系。康奈尔学习法的"总结"栏，不仅可以对同一门课程的知识进行联结与整合，而且可以尝试将不同学科的知识加以整合，以促进跨学科知识的学习。比如在学习数学的导数部分时，将变速直线运动的速度这一物理学知识引入导数的概念，这样我们可以在学习数学时一起回顾物理中运动学的相关内容，然后将两门学科的练习记录在总结栏。

（4）根据不同学科特点确定复习策略。文科科目基本都需要记忆，比如英语、历史等科目，对这些科目我们要多安排几次复习，加强对知识的记忆。理科科目更注重对知识的理解和运用，在复习的过程中要注重边理解边记忆，多熟悉解题思路及解题技巧。

到此，大家可能还是不知道具体怎么做。下面我将结合相应的科目进行系统的说明，以供读者参考。

数学学科：

康奈尔学习法可以帮助我们整理数学公式、定理和解题方法。在课堂上，可以将数学公式和定理记录在主要笔记区域。关键词/问题区域写下与之相对应的问题，以及解题的思路和步骤。在复习时，可以借助此区域的问题思考解题方法。

比如，你正在学习三角函数的相关内容。三角函数的定义、性质和常见公式可记录在主要笔记区域。在学习过程中产生的问题，比如"如何利用三角函数计算三角形的边长和角度？"等则可以放在关键词/问题区域。在后期复习时重点回答这些问题，加深对三角函数的理解和记忆。

物理学科：

康奈尔学习法可以帮助我们整理物理实验、物理定理和公式。以实验课为例，实验步骤和结果记录在主要笔记区域，实验的目的、观察结果和可能的解释可以展示在关键词/问题区域。复习时，可以通过回答问题和整理实验数据来巩固知识。

以"简单谐振子实验"为例，**实验的具体步骤和结果**

记录在主要笔记区域。

假设实验中测量了弹簧振子的周期，并记录如下（因测量环境不同，以下数据仅供参考）：

实验步骤：

1.准备实验装置，包括一个弹簧和一个挂钩。

2.测量弹簧的劲度系数 k。

3.将物体 m 挂在弹簧上，让其振动。

4.记录振动的时间 t，测量多组数据。

表1-1　实验结果

振动物体 m（kg）	振动周期 T（s）
0.1	0.81
0.2	1.14
0.3	1.40
0.4	1.62
0.5	1.89

关键词/问题区域记录实验的目的、观察结果和实验结论。记录如下：

实验目的：测量弹簧振子的周期与振动质量的关系。

观察结果：随着振动质量的增加，振动周期也会增加。

实验结论：振动周期与振动质量有关，增加振动质量会增加振动周期。

总结区域总结实验结果并得出结论。记录如下：

实验总结：通过实验测量，不难发现弹簧振子的周期与振动质量之间存在一定的关系。随着振动质量的增加，振动周期也会增加。

结论：振动质量和振动周期之间的关系可以用数学模型进行描述。

化学学科：

康奈尔学习法可以用来整理化学反应、化学方程式。比如学习酸碱反应这一节时，可以在主要笔记区域记录酸碱反应的常见反应类型和方程式。在关键词/问题区域，可以写下一些与酸碱反应相关的问题，如"如何判断一个物质是酸性还是碱性？"。

历史学科：

康奈尔学习法可以帮助学生记忆历史事件、重要人物和社会理论。比如，学习一个历史时期的重要事件时，可以在主要笔记区域记录这个时期的重要事件和人物。在关键词/问题区域，可以写下一些与历史事件相关的问题，如"这个历史事件对当时社会有哪些影响？"。

语文学科:

康奈尔学习法可以帮助学生理解文章的主题和情节。文章的重要情节和人物形象可以记录在主要笔记区域,关键词/问题区域可以写下对文章的理解和感受,或者写下与作品相关的问题,如"作者通过这个作品想表达什么主题?"。

小贴士

使用新的学习方法时,首先要学会如何使用,再多次应用使之成为习惯。

第二章

轻松开启康奈尔学习法之旅

态度对人的情绪、意志和行为都有着极为重要的影响。消极的学习态度往往导致我们回避学习中的困难，增加学习时的焦虑和不安，从而影响学习效果，甚至让我们放弃学习。与之相反，积极的学习态度则促使我们勇敢面对问题、解决问题，坚定信念，将学习坚持到底。因此，学习态度对学习至关重要。

一、端正学习态度：态度决定一切

态度是学习过程中最为关键的因素之一，毫不夸张地说，态度决定一切。心理学家卡洛尔·德韦克（Carol S. Dweck）的研究表明，学生对待学习的态度和信念对学习成绩有着至关重要的影响。

在她看来，常见的学习态度有"成长型心态"和"固定型心态"两种。拥有成长型心态的学生相信，通过努力学习可以不断提高自己，这些学生乐于探索新知识，容易对所学内容产生兴趣。固定型心态的学生则认为自己的能力是固定不变的，他们不愿意接受学习中的挑战，甚至会对学习产生抵触情绪。拥有成长型心态的学生更容易取得好的学习成绩。

在日常生活中，我们也不难发现拥有积极态度的人总是充满动力，将每一次问题都视为促使自己成长的挑战，他们遇到问题时会积极应对。相反，态度消极悲观的人总是会感到无力、沮丧，害怕遇到麻烦，遇到问题也是极力逃避，甚至放弃努力，最终导致问题越积越多。

在学习中，我们总会遇到各种挑战。积极上进的学习态度将激发我们的学习动力，让我们拥有更强的学习欲望，促使我们更加专注；积极的学习态度让我们更有信心克服遇到的困难与挑战，不轻言放弃；积极的学习态度也能让我们对新的知识保持足够的好奇心，促使我们不断进步。因此，学习态度比学习方法和学习资源更重要。

明代文学家宋濂在《送东阳马生序》中写道："余幼时即嗜学。家贫，无从致书以观，每假借于藏书之家，手自笔录，计日以还。"他为了能读上书，经常借书来抄。天气酷寒时，砚池中的水冻成了坚冰，手指屈伸困难，但也挡不住他抄书学习的热情。为了得到名人、老师的指点，他甚至步行数百里求教。

现在条件好了，足不出户便能在网络上获取到想读的书。但是现在的我们很少有宋濂那般积极、坚持不懈的学习态度，更没有他那强烈的求知欲望。

此时，你可能会说，人家是文学家，我没有他那么爱学习，学习久了还总出现懈怠的情绪，我这样也能成功吗？

虽说强烈的欲望更容易取得成功，但一开始缺少强烈欲望带来的热情也是有可能会成功的。成功是需要过程的，一开始没有热情，我们可以在过程中慢慢培养。

对你来说一次性背 200 个单词太难了，你不想学得这么累，你还想在学习之余，好好发展兴趣爱好，想与朋友出去玩。那么，你在力所能及的范围内启动背单词这项任务即可，你可以一天背 100 个单词，背 50 个也可以，不要想着一次性全背下来，一口是很难吃成胖子的。

小贴士

如果一天要背 100 个单词，你可以早上背 25 个，午饭前背 25 个，下午上课前再背 25 个，晚饭前背 25 个，睡前再做个自测。

在背单词的过程中，虽然一开始我们没下太大的决心，但一点点记住单词带来的成就感，会坚定我们继续背下去的决心，这个决心给予我们不断向前的力量，激励我们努力学习，努力学习的成果就是记住更多单词。这样一来，我们对学习的欲望会不断增长，增长的欲望还会促使你早起、上课认真听讲、下课认真完成作业，最终取得优异的成绩。

看到了吧，积极的学习态度也是可以慢慢培养的。虽说万事开头难，但只要你开始有意识地培养自己的学习态度，那便迈出了成功的一大步。

起初我们一定会面临不少困难和挑战。这时切记不要乱了阵脚，也不要过于苛求完美，要以进步为目标。首先要做的就是正面看待学习中的困难，并分解困难，让看起来吓人的难题变得可控。就像游戏中升级打怪一样，一关一关地打过去。把复杂的学习任务转化为一系列的小任务，这样每完成一个小任务都将获得一次小的成功，学习效率提高的同时，也会带来满满的成就感。

关于如何分解困难，可以参考以下步骤：

（1）直面困难。古话说得好："知彼知己，方能百战百胜。"首先我们要做的就是，明确困难，你要知道你面临的困难具体是什么。弄清楚它来自哪个学科，并且具体到小的知识点。

（2）逐一攻克。从每个小的知识点入手，逐一攻克问题。注意，最开始可以先从简单的内容入手，再逐渐提高难度。

（3）寻求帮助。很多人在学习的过程中，耻于提出问题。他们会因为怕被嘲笑或者其他原因而不敢请教别人问题。

你要知道，学习中遇到困难是件很正常的事，好学生也经常遇到学习的困难。所以学习中遇到问题，千万不要犹豫，积极向老师、同学或者家长请教。寻求帮助往往可以帮助你更快地解决问题，省时省力。

向老师请教：老师拥有专业的知识和丰富的教学经验，是学习道路上重要的领路人，所以主动向老师请教问题是很明智的选择。

向同学请教：同学之间年纪差不多，同样都作为学习者，更容易产生共鸣，因此更能理解你学习中出现的问题和困难，提供的帮助和建议也将更有针对性。

除了向同学请教之外，也可以和同学一起交流学习，互相讨论问题、解决问题，互帮互助，相互促进学习。但也要注意不能过度依赖同学的帮助，要时刻记住我们的最终目的是培养自主学习的能力和意识。

向家人请教：家人与我们拥有着血缘关系，是我们最亲近的人，他们会对我们毫无保留，因此，也可以向他们请教，说不定会获得一些宝贵的经验。

小贴士

寻求帮助时，一定要保持谦虚和主动，不要害怕被认为是"弱者"。同时，要尊重他人的意愿，不强求他人帮助自己，更不要因为他人没有为你提供帮助而产生负面情绪。如果他人愿意提供帮助，那是他们的善意和友好。如果对方没有提供帮助，我们也要理解。

小贴士

多结交在学习上积极主动的人，远离那些天天抱怨学习苦、学习累的人。多与那些积极向上的同学或朋友交流学习经验和心得，分享彼此的学习成果和进步。

爱上学习：兴趣是最好的老师

一项由美国教育心理学家进行的研究表明，学生对学习内容的兴趣与学习成绩之间存在明显的关联。在研究中，他们发现那些对学习内容感兴趣的学生，学习成绩更好，学习动力也更强。

这项研究不禁让我想起大学学习植物生物学时发生的事情。刚开始大家都觉得这门课很枯燥也很无聊，不就是一棵树吗，还分什么纲，什么目，什么科，一堆毫无逻辑的特征记都记不住。

直到有一天，植物生物学老师告诉大家，接下来要带大家去位于陕西秦岭的实训基地学习两周，老师会带领大家徒步考察实训基地周围的试验林场，并在这个过程中了解植物的特点与习性，还要制作标本。既然是实训，自然也少不了考试，实训结束后需要大家参加一场辨认植物标本的考试。

很多同学听到考试高兴不起来，但外出两周不用在校上课这件事，对于大多数人来说还是头一次，因此大家还是很开心的。实训开始后，大家七八个人一组，自行组好队，在老师的带领下，上草地，进树林，当然最重要还是认植物、采植物、做植物标本。

在这个过程中，书本上那些植物都有了生命，活生生地出现在我们面前。大家渐渐对这门课产生了浓厚的兴趣。晚上做好标本，小组成员坐在一起互相考来考去，你问我植物名称，我问你这个科的植物都有哪些特征。对于实训结束后的考试大家也不再害怕，反而很期待。

所以，当你对学习产生兴趣时，学习自然会变得生动有趣，相比抱怨学习的苦与累，大家会更加享受学习的过程。其实，不管哪门学科，只要我们保持足够的兴趣和好奇心，学习都将成为一次次神奇的探索之旅。

"兴趣是最好的老师"，当我们对所学内容产生浓厚的兴趣时，学习也会变得更加轻松、愉快、高效。那么，该如何培养对学习的兴趣呢？可以从以下几方面入手。

（1）理论联系实际。将学习内容与实际生活联系起来，不仅能发现学习的实用性，激发学习兴趣，还能通过实际应用帮助抽象内容的理解，提高学习的效果，使学习成为一种有意义的体验。

比如，学习化学与环境保护相关的内容时，可以联系现实生活中的环境污染问题以及相应的环境保护措施，以加深化学物质对环境影响的理解，同时也能提升使用化学知识保护环境的实际应用能力。

（2）创新学习方式。采用创新的学习方式，可以让学习变得有趣。比如学习历史知识时，可以参观历史遗迹、观看历史电影，这些都能让枯燥乏味的学习变得生动有趣。

（3）参加实验与实践活动。正如前面提到的植物学实训，实验、实践课程能让学习变得具体且直观。比如，在学习物理、化学等学科时，通过简单的实验亲自操作实验器材，分析实验结果，得到实验结论，在实验中体会学科的神奇之处。

（4）分享学习成果。很多同学喜欢闷头学习，闭门造车。长时间一个人埋头学习，容易让人感到孤独。学习久了，可以尝试走出去，将自己的学习成果与他人分享，这样可以获得成就感，也会让学习变得更加有趣。

总之，培养学习兴趣是一个积极正向的过程，需要我们主动探索，尝试各种新的学习方式，找到学习的乐趣。理论联系实际、创新学习方式、参加实验与实践活动、分享学习成果等，都能让学习变得更加有趣，不断激发出学习兴趣。

小贴士

当你学不进去或者产生严重厌学情绪时，一定要记住，兴趣是学习的内在驱动力，兴趣促使我们更加主动、深入地学习，不仅可以提升学习效果，还可以让学习变得更有意义。因此，在学习中培养兴趣是非常重要的。

稳扎稳打：避免浮躁

人天生是有惰性的，所以大多数人在学习时总想找捷径，总是喜欢学习各种速成技巧。这也是社交平台上"一天学完×××""3天搞定10000个英语单词""×××秒杀技巧"之类的视频深受学生喜爱的原因。技巧在考试中确实能帮助我们节省做题时间，提高效率，留有更多时间在难题上。

但我们需要明白的是，学习并不仅仅是为了应对考试，更重要的是真正理解并掌握知识，培养学习能力和思维能力。

很多同学本末倒置，花很多时间搜罗各种解题技巧，却忽略了基础知识，这种情况很危险。

第一，在不掌握基础知识或是原理的情况下，只能靠死记硬背记住所学知识点，这无形中增加了记忆的负担，很容易带来负面、消极的情绪。

第二，考试中能用技巧求解的也就个别的几道题，大多数题目还是以考查基础知识为主，就算是某些难题，往往也是将好几个知识点组合在一起考。

学习是一个渐进的过程，需要耐心和坚持。虽然技巧可以帮助我们在短时间内取得一些效果，但抛开应试，我们更应该重视基础。要想真正掌握某个学科或某项技术，关键都在于是否可熟练掌握其基础知识与基本原理。

无论是学数学、英语还是学开车，都是一样的。基础打牢了，不管遇到什么问题都能通过这些基本知识、基础原理分析清楚，并加以解决。就像造房子一样，要想建大楼，必须打好地基，地基不牢，房子很容易坍塌。

我们常说要有创新精神。很多人会把创新想得很难，认为创新就是发现或者发明一个全新的东西。其实创新不是从无到有的过程。乔布斯也曾说过："创新并不是创造全新的事物，而是把不同的事物关联起来。"关联的前提是什么？就是很好地了解这些事物的本质。

因此，稳扎稳打、掌握好基础知识，不仅能让我们在考试中受益，作为创新的前提，更能让我们终身受益。稳扎稳打意味着在学习过程中踏实、持续地积累，不急功近利，也不浮躁。关于如何做才能做到"稳扎稳打"，可以参考以下建议。

（1）持续学习。 学习不是一蹴而就的，而是一个积累知识和经验的过程。"稳扎稳打"要求我们坚持不懈地投入时间和精力，做到持续学习，循序渐进地掌握知识，打下坚实的基础。同时，持续学习有助于建立良好的学习习惯。当每天主动学习变成习惯时，学习也会变得自律且高效。

（2）循序渐进。 不少同学一学习就表现得十分着急，看不上基础知识和基础题目，直攻难题，导致基础掌握不扎实，题目稍微来一个变形，便不知所措。正确的做法是深入理解所学的内容，先掌握好基础知识，再专攻进阶知识。

（3）不盲目比进度。 在学习的过程中，不要被表面的快速进展所迷惑。很多同学喜欢问别人的学习进度，尤其是快考试时，总有人问其他同学："你过了几遍了？"

一定要注意过了几遍其实并不重要，你囫囵吞枣地过了十遍，也不如别人认认真真地学上一遍。学习不是简单地追求速度，过快的进度很容易遗漏一些重要的知识点，这样会影响后续学习的效果。

小贴士

复习时，不要管别人过了几遍，只需按自己的复习计划走，在保质保量的前提下学习，真正做到理解并掌握知识。

干掉拖延：5 分钟起步法

想早起练习说一口流利的英语，空闲时间想练得一手好字，晚上想早点写完作业，但是一天下来发现一样都没干成，你很懊恼，于是暗自发誓，明天一定好好干。

但第二天还是老样子，早上起不来，空闲时间只想玩，晚上坐在书桌前，看着厚重的书，无从下手，不知道从哪里开始。并且面前总有各种诱惑向你招手，好玩的电子游戏、有意思的短视频，总是扰得你"身在曹营心在汉"。

我们太熟悉这种糟糕的情形了。我们总是暗自发誓，一定要完成这个任务。结果却发现"开始做"这件事就有点难。

为什么会这样？有人因为无法确定做事的优先顺序，不知从何做起而拖延；有人则是受到更有意思的事情的诱惑，导致对所要做的事提不起兴趣，因此迟迟不肯行动。造成大家拖延的原因不尽相同，但表现都是一样的，那就是拖拖拉拉，导致事情迟迟不能开展。所以想解决拖延，首先就要开始行动。具体如何开始？我们可以借助"5分钟起步法"。

什么是"5分钟起步法"？加拿大卡尔顿大学心理学研究组通过大量实验证实，当你不想做某件事情时，不妨告诉自己，只做5分钟。但往往5分钟后，绝大多数人会自然而然地将事情继续做下去。

这是为什么？因为大脑做事情的状态好比骑自行车。车从静止到开始动需要用力蹬，但当车速较快时，不用蹬，车子也会往前跑。做事也是一样的，我们需要先动起来，这样才能进入行动的状态，先做起来，才能进入想做的状态。

想背单词时，就把单词书拿出来；想学习时，就坐到书桌前；想练字时，就把字帖拿出来；想跑步时，就先换好跑鞋。

小贴士

准备工作做好后，如果产生抗拒甚至反感的情绪，不要责怪自己，更不要精神内耗，想着"哎呀，我一点都看不进去，我太差了。算了，不勉强自己了，先去玩会手机吧"。

刚开始难以进入状态，这很正常，先不要内耗。这时候，不妨告诉自己，没关系的，我只需要做5分钟就好了，在这5分钟里，先把其他事放一边。

比如，你不想背单词时，告诉自己先背5分钟；不想学习某门课时，告诉自己只需要学习5分钟；迟迟不肯练字时，告诉自己只要练习5分钟。5分钟后，你会发现自己已经不知不觉进入了状态。进入状态后，你会发现自己不仅可以专注5分钟，甚至可以专注半小时或一小时。

小步慢跑：行动大于一切

上一小节中提到，做任何事，都要先让自己动起来，不要在做之前瞻前顾后、先去考虑事情做不做得完，也不要花太多精力去考虑还没发生的事，更不要想失败了会怎么样。总之，什么都不要想，先做起来。

很多人做事容易三分钟热度，他们做事喜欢先立好目标，往往刚开始的几天干劲满满，志在必得。可好景不长，过了几天就将自己做的事抛到脑后。为什么会这样？很可能是目标定得太难了，压力一大，就不想坚持了。

比如，你下定决心，这次一定要成功减肥。于是，给自己定下减重5公斤的目标。很多人定下这个目标后恨不得十天半个月甚至一个礼拜就完成。这可能吗？

显然不可能，你想想，你身上的5公斤肉也不是十天半个月吃出来的。俗话说："一口吃不成胖子。"同样，你也没法短时间内就变成一个瘦子。

那么具体该如何做？我们不能急于求成，俗话说："心急吃不了热豆腐。"我们要身体力行，在比较舒适的范围内，慢慢来，要小步慢跑。

跑步作为一项不需要任何器械的简单运动，按理说，有腿就能跑。但生活中有很多人一跑步就上气不接下气，认为自己不擅长跑步。

我读研究生之前也是这么想的。那时候对跑步的认知就是一定要迈大步，高频率，才能跑得更快。所以一跑步就加速，跑得气喘吁吁不说，有时候跑得急了，停下来还会觉得很恶心。每到这个时候我都会对自己很失望，感觉特别懊恼，认为自己身体素质太差劲了，跟不上别的同学。

直到研一选了一门体育课，有次运动完了后，老师测了测每位同学的心率。他竟然说我有运动天赋。当时我听到这话还挺开心的，但又有些费解：跑不了几步的人竟有运动天赋？

得益于这位老师，我后面加入了学校的跑步协会。在跑步协会我慢慢了解到，跑步并不是越快越好，跑得快了反而容易伤到膝盖。如果想把跑步作为习惯坚持下来，或者想一次跑比较长的时间，那么秘诀就是慢下来。

慢下来，保持比较顺畅的呼吸，控制好节奏。这样不至于觉得跑步是一件很痛苦的事，体会到了跑步的乐趣，才容易坚持下来，才能跑得更远更久。

如果想养成练字的习惯，每天练3行左右就好；想养成早起听英语的习惯，听3分钟就好；想养成跑步的好习惯，从每天跑1公里就好；想养成写日记的习惯，每天写三五十字就好。

小贴士

想将某件事情做下去的话，一定要先找到适合自己的节奏，如果刚开始不清楚自己每天能完成多少，可以先花两三天时间试验，找到自己比较舒适的完成量，然后再制订计划，并坚持下去！

坚持的力量：念念不忘，必有回响

好的习惯可以说是世间最强有力的东西。那么如何才能养成好习惯？答案就是坚持，每天坚持一点点，日积月累，便可聚少成多。

就像前面所说，你每天练3行字，那一年也有1095行；每天跑步1公里，一年也有365公里；每天写50字，一年就有18250字。更何况当你在这件事上取得一定的进步之后，会自愿投入更多的时间和精力。

坚持下去，你得到的会比你想象中的多得多。但坚持同时也是最难的，因为坚持需要自我约束。人往往会对自己比较宽容，也喜欢为自己的懈怠找借口：今天学习够辛苦了，就不练字了；今天实在太累了，就不跑步了，一天不跑也没什么大不了的……长此以往，总有一天，你会发现，自己又没坚持下去。

坚持做某件事的时候，千万不能急于求成。很多时候，我们都是急功近利的。比如，幡然醒悟想好好学习的同学突然意识到学习的重要性，开始发奋图强。他们希望成绩在下一次月考中就有所提升，但现实往往是，在短时间因努力学习之后，你的成绩可能还是原地踏步。这个时候，你会有挫败感，心想我都努力了，成绩怎么没提高，看来我不是读书的料。

实际上，短时间努力没有成效，这很正常。在学习和成长的道路上，很少有一蹴而就的事情。我们学习的新知识或技能会遵循学习曲线，一开始进展较慢，但随着学习的深入，学习速度会逐渐加快。学习其实就是知识积累的过程，短时间的努力还不足以积累足够多引起质变的知识和经验，持续积累才能看到明显的提升。此外，重复这个动作对学习至关重要，短时间内难以留出足够的时间强化复习，所以学习效果不明显很正常。

短时间内没看到明显的提升时，不要灰心，更不要放弃。正所谓"水滴石穿"，只需要坚持下去，时间久了就会发现努力终将得到回报。坚持下去，总能等到量变引起质变的那天。

我从小学开始就一直对数学很感兴趣，但刚上高一时，有些数学难题让我感觉束手无策。尤其是月考结束看到自己成绩的时候，我既感到沮丧，也很困惑：为什么突然就学不好数学了呢？那时候我甚至开始怀疑自己是否适合学习。但好在我并没有放弃，当时有股不服输的劲，想着凭什么别人可以，我就不行？我并不比别人笨！

于是，我决定从基础入手，并尝试解决习题册上的难题。那段时间，我厚着脸皮去找数学老师请教问题，找数学学得好的同学请教做题方法，跟他们一起讨论。回到家也是先完成数学作业，甚至积极准备学校举办的数学竞赛。

一开始我的进展非常缓慢，一道题可以花十多分钟时间，但硬是凭借那股子坚持不懈的劲头，我发现自己对数学知识的理解越来越深，解题能力和思维灵活性也在提升。

更难得的是，我因此对数学产生了更加浓厚的兴趣，开始主动找练习题，不断突破自己。在那个学期的期末考试我的数学考了全班最高分，数学竞赛也得了校内二等奖。

有了这个经历，我意识到只要在正确的道路上，使用正确的方法，通过持之以恒地努力，一定能有所收获。也就是说，想取得好成绩，仅靠短时间内的突击是远远不够的，持续不断、持之以恒的学习才是取得进步的关键。

坚持学习并看到进步，会产生成就感和满足感，这将使我们更愿意在学习上投入时间和精力，激发出更加强烈的学习兴趣与热情。这种正向循环会不断增强我们的学习动力和学习意愿，在好奇心和求知欲的促使下，我们会更加积极主动地去探索知识。

与此同时，当我们看到学习成绩进步时，会对自己的学习能力更加自信，也将更有勇气挑战更高难度的知识。通过学习培养出的勇气和信念，也能让我们在面对生活中的各种挑战时更加自信且坚定。

这些经历对我的影响不仅在学业上。在生活中，遇到困难时，我也会激励自己：高一学习数学、大一学习大学物理、研究生期间撰写案例，这些都挺过来了，现在这点小问题又算什么！所以，坚持学习不仅对学习能力与知识水平的提高有帮助，还对毅力、耐力等坚韧精神的培养有着重要作用。

小贴士

在学习中培养出的坚韧不拔的品质，让我们不管是在学习中还是在生活中，都能变得更加坚强、更加优秀。

二、集中精力：高效利用课堂

课堂是我们获取知识的主战场。在课堂上高效利用时间，可以省去课下不少烦恼。保持大脑活跃并做好笔记是高效利用课堂的关键。这两方面相辅相成，能帮我们更好地理解并吸收课堂内容，从而最大化利用课堂效率。

大脑的秘密：保持大脑活跃的技巧

相信不少人在学习的过程中有过这样的经历，那就是为了提高成绩暗下决心，心想只要自己肯下功夫，一定能取得成功。于是便拿出"头悬梁、锥刺股"的精神，哪怕身心俱疲也要强迫自己再多学一点。

这时候你会发现即使自己很想学习，但摊开书本后大脑会变得昏昏沉沉，完全转不动。平时会做的题目，硬生生盯着看了很长时间，也完全没有思路。要么就是题目会做，但一提笔就出现各种错误。在面对复杂或陌生的知识或题目时，大脑更是一片空白。

我们上学时也都遇到过下面两种人。第一类人学习特别刻苦，甚至课间休息时也在写题，但他们的成绩却很一般；第二类人学习很轻松，保持学习好的同时，也没耽误娱乐。

我们往往会觉得后者天资聪颖，但事实却是：学习方法和学习习惯才是两者拉开差距的原因。当然，这个时候你可能会觉得太不公平，极度刻苦的那些人怎么就没成功呢？

他们没成功，恰恰是因为太勤奋了。因为他们不会休息，没有给大脑足够的休息时间，进而导致大脑不活跃。大脑的活跃程度直接影响我们的学习效率和学习质量。大脑都罢工了，再努力也是白搭。列宁也曾说过："不会休息的人就不会工作。"对学习来说也是一样的，会休息的人才会学习。

其实，大脑不活跃的状态在学习中是很常见的。在学习的过程中，有些人可能因为长时间集中注意力、晚上没休息好、学习压力大等原因导致大脑不够清醒、思维不够敏捷。强行学习只会让我们感觉困倦，思维变得迟缓，对学习内容的理解和记忆也会受到影响。这时候学习往往会事倍功半，更有甚者白做无用功。

就好比你有一辆没电也可以脚蹬着前进的电动自行车，在电量即将耗尽时，你可以选择找附近的充电桩进行充电，也可以选择脚蹬着前进。同样花一个小时，你用半小时去充电，接下来半小时赶路，最终肯定比你吭哧吭哧、累死累活踩一小时，跑得距离更远。

学习其实也是一样的，休息的过程就是给大脑充电的过程。在现实生活里，我们遇到类似的情况，也会优先选择前一种做法，但一到学习上，大多数人就丧失理智了。

所以，学到精疲力竭时，不要勉强自己继续学习了。这个时候不妨暂时放下学习。因为人的精力是有限的，刻苦学习必然会消耗精力。当你精力旺盛、精气神十足时，学习效率自然也高。

但当精力消耗到一定程度时，注意力会更容易分散，具体表现为大脑思维迟缓、精力难以集中等。当你发现自己出现这些状态时，一定要及时回血、恢复精力。

就好比蓄水池需要保持水位稳定和水源充足，我们的大脑也需要适时充电和休息，以保持持续的学习动力。所以找到合适的方法激活大脑，让它重新处于活跃的状态，对我们保持高效学习至关重要。

那么如何激活大脑？

最直接的方式就是休息和放松。如果大脑已经疲劳，休息是最好的办法。适当地休息可以让大脑得到恢复，更容易进入活跃状态。

很多同学会觉得休息浪费时间，他们宁愿坐在书桌前小鸡啄米一样打瞌睡，也不愿意放下手头的学习任务休息一下。你要知道，学习并不是简单的看谁在书桌前坐得时间久，而是在有限的时间内有质量地完成制订的学习计划，在这个过程中效率才是第一位的。

那么如何休息？

休息其实最简单了，但很多人却不会休息。休息可以是最简单的放松，比如来回走动，做做伸展活动，喝几口水，闭上眼睛休息一下，做几分钟的深呼吸，或者出去散步呼吸新鲜空气。以上休息方式都能让大脑得到放松，有效消除疲惫感，更好地迎接下一轮的学习。

但是一定要注意，休息的时候不要惦记着休息前所做的事，暂时要把它忘得一干二净。而且，休息不是让你打开社交平台刷微博或者刷短视频，这会让你迷失在毫无边际的信息海洋中，很容易停不下来，导致时间的浪费。

微博、短视频呈现给我们的往往是大量碎片化的信息，接收这些信息并不能让大脑得到有效的休息，而且接收的信息一多、一杂，还会增加大脑处理信息的难度，因此很多时候，我们会发现通过刷微博、刷短视频获取短暂的欢愉后大脑会更加不清醒。

长时间的学习，一定要注意适当休息。具体可以采用后面章节中详细说明的番茄钟法，即每25分钟学习后休息5分钟，或者每50分钟学习后休息10分钟。这样的间隔休息有助于恢复大脑，避免过度疲劳和减轻学习压力，从而提高学习的效率。

所以，在学习中一定要学会利用休息时间恢复大脑。休息是为了在学习的道路上走得更远。

小贴士

在学校学了一天，拖着疲惫的身体回到家中，不要立马跑到书桌前，可以先休息一下。周末连续看了两三小时的网课，忍不住走神甚至开始打瞌睡的时候也是一样，不要硬撑了，休息一下再学吧。

以上只是短暂恢复精力的方法。那么如何在日常学习中长期保持大脑的活跃呢？

（一）保证充足的睡眠

我们要保证充足的睡眠，具体睡多长时间因人而异，有些人可能睡 6 小时就够了，有些人可能睡 8 小时也不够。作为学生，可能最大的困扰就是入睡困难，晚上迟迟睡不着，明明很困了，但一躺到床上就精神。

那么怎样才能改善入睡难的问题？

（1）营造舒适的睡眠环境。睡眠时，首先保持卧室舒适、安静、黑暗、凉爽，避免噪声、强光和过热的环境，选择舒适的睡眠枕头和床垫。

你可能不知道为什么要保持卧室凉爽。保持卧室凉爽是为了创造适宜入睡的环境，因为人的体温在入睡时会稍微下降。如果卧室温度过高，会让人感觉闷热，影响体温调节，从而导致入睡难。

过热的环境会导致汗腺分泌过多，这将导致人在睡觉时不舒服，甚至会频繁醒来，影响睡眠的连续性，难以达到深度睡眠。而凉爽的环境有助于提高睡眠的舒适度，使人更容易进入深度睡眠阶段。深度睡眠对于恢复身体精力、提高记忆力、保持情绪稳定等都有重要作用，而且还能为白天的学习提供足够的精力。

（2）严格限制午睡时间。一定要避免长时间午睡，尤其是休息日没有时间限制的时候，很容易一睡就一下午，周六还好，周日这样的话势必会影响周一的学习状态。所以，如果需要午睡，最好限制在 20 ~ 30 分钟。

(3) 放松身心。虽然适当的体力活动可以加速能量消耗，增加睡眠欲望，但应避免在睡前进行过于剧烈的运动，可以进行一些轻缓的活动，如泡澡、冥想、深呼吸等，有助于缓解压力、放松身心；也可以培养一系列睡前习惯，如听舒缓的音乐，例如雨滴落下的声音等，形成条件反射，让人更容易进入睡眠状态。

(4) 避免饮食刺激。晚餐时间不要太晚，尽量避免食用或饮用含咖啡因的食物和饮品，如咖啡、茶、巧克力等，因为这些会刺激神经系统，影响入睡。若实在嘴馋吃了或喝了以上食物、饮品，也不要过度担忧，因为焦虑和紧张会进一步影响睡眠。

如果以上提到的这些都做到了，结果还是因为大脑过度活跃或者压力问题而难以入睡，推荐大家使用大名鼎鼎的美国飞行员快速入睡法。

第二次世界大战期间，空中作战的压力很大，部分飞行员出现应激反应，导致他们身体虚弱、睡眠不佳。休息不好，使他们在作战中经常犯致命性错误，因为失误导致自己或者队友受伤。

因此，海军少尉巴德·温特（Bud Winter）为战斗机飞行员开发了一套快速入睡技术（也称为"2分钟入睡法"），以改善他们的睡眠，提高其专注力。

这是一种通过舒缓身心来快速入睡的方法。它的步骤如下：

第一步，先松弛全身肌肉。躺在床上，闭上眼睛，深吸一口气，然后慢慢呼气，一边呼气一边有意识地放松身体的不同部位，从头到脚依次放松，让全身肌肉感到轻松。

第二步，清空大脑的杂念。想象自己躺在一个黑暗、安静、舒适的空间里，将脑海中的杂念排空，专注于自己的呼吸和放松的感觉。

第三步，采用军事方法。即通过引入军事术语或场景来集中注意力。这一方法之所以有效，在于它可以让杂乱的思绪聚焦到一个特定的场景或任务上，进而减少焦虑等不利于睡眠的情绪。

具体做法如下：

首先，选择一个你喜欢或熟悉的军事术语或场景。例如，你可以想象自己是一名军队指挥官，正在带领士兵进行训练或执行任务。

想象细节：闭上眼睛，将注意力集中在想象的场景上。尽量让场景栩栩如生，想象自己所处的环境、周围的景物和人物，以及正在进行的任务。

保持专注：一旦你进入了这个想象的场景，尽量保持专注，不要让其他杂念干扰你的思绪。如果发现自己开始分心，就重新将注意力聚焦在想象的场景上。

适时放松：当你感觉自己的注意力得到有效集中后，可以适当地放松，不再过分强调军事术语或场景。（因为每个人的注意力和专注度水平不同，所以这个方法可能对某些人更有效，对另一些人可能效果有限。如果效果有限，可以尝试其他的方法来提高注意力和专注力。比如前面提到的深呼吸和冥想。）

逐渐减缓呼吸节奏：将注意力放在呼吸上，慢慢地调整呼吸节奏，使其逐渐变得深而缓慢。

保持放松状态：继续深缓呼吸，不断排空脑海中的杂念，直到你自然入睡。

这种方法的关键在于通过放松身体和清空脑海中的杂念，迅速进入睡眠状态。这是一种非常简单而有效的方法，适合需要快速入睡的人群。但每个人的身体和心理状态不同，所以效果可能因人而异。

如果你发现这种方法对你不起作用，建议尝试其他的入睡方法，找到最适合自己的方式。保持良好的睡眠习惯对于身体健康和高效学习都非常重要。

大多数学生可能对军事场景与军事术语并不了解，那么我们可以选择自己熟悉的能让自己放松下来并提高专注度的场景。以下场景供大家参考。

（1）度假场景。想象自己正在一个宁静、美丽的度假胜地度过愉快的假期，比如拥有大沙滩的一望无际的海边，你走在柔软的沙滩上，感受每一步踏在沙子上的感觉。听着海浪轻轻拍打着沙滩的声音，感受海风吹拂在脸上。眼睛看到的是蓝天、白云和浩瀚无际的海洋，身体感受着海水的清凉和舒适。

通过想象度假场景，可以让我们沉浸其中，忘却日常的烦恼和压力，逐渐放松身心，更容易进入睡眠状态。

（2）浸泡温泉。想象自己在温泉池中泡温泉，温泉池周围有绿树、花草和山脉。你的身体正被温暖的水包裹着，温泉池中微小的气泡在水中轻轻地升起，你可以感受到气泡在皮肤上轻轻爆裂的触感。感受着温泉的温暖和舒适，你的肌肉逐渐松弛，身心逐渐放松。压力和焦虑得到缓解，更容易进入深度睡眠的状态。

（3）云端飘浮。想象自己的身体变得很轻盈，像一朵蓬松的、没有重量的云，在广阔的蓝天漫无目的地随处飘浮，你的四周都是柔软的云，风轻轻拂过，带来一丝丝凉意，渐渐地你身体的每一部分都变得舒适和轻松。暂时忘记一切烦恼和压力，直到慢慢进入睡眠状态。

通过想象以上比较舒适、放松的场景，可以让大脑从活跃的状态转为平静，能有效帮助我们进入更加深度的睡眠。

小贴士

睡前一定不要看手机。很多人觉得睡前看手机才能让他们放松，因此睡前习惯刷社交媒体或者玩游戏。然而，手机上各种信息很容易让大脑处于比较活跃的状态，而且手机屏幕发出的蓝光会干扰褪黑素（褪黑素是一种控制睡眠觉醒周期的激素，晚上分泌褪黑素能促使我们进入睡眠状态）的分泌，影响睡眠质量，导致入睡困难。

那么如何避免在睡前使用手机呢？可以试试以下方法。

（1）**设定手机禁用时间**。比如，晚上十点之后告诉自己，不要再使用手机了。这时候你可以将手机设置成静音模式、勿扰模式或者飞行模式，这些模式能有效避免你在睡前受到各种消息、通知的干扰，为自己提供更加安静的睡眠环境。具体时间可以根据个人的作息时间和习惯进行设置。

（2）**设置手机禁区**。在卧室划定一个专门放置手机的地方，临睡前将手机放到这个区域，切记千万不要将手机带上床铺。这有助于将睡眠与工作、娱乐等跟手机相关的活动分隔开来，使得我们能更好地将卧室与休息联系在一起，而且还可以有效控制住随意拿起手机的冲动，培养更好的睡前习惯。

我们都知道晚上睡眠质量的好坏对我们第二天的精神状态有直接影响，所以都比较重视。但同时我们也应意识到，午睡对下午上课精力的恢复也很重要，上了一上午课，大脑精力消耗得差不多了，午睡一小会儿可以为身体和大脑提供短暂的休息，缓解大脑的疲劳，有助于恢复大脑的警觉性和注意力，使我们能够更加精神饱满地投入学习，所以大家要学会充分利用午休时间。

小贴士

午睡应该控制在 20 ~ 30 分钟，最好不要超过 1 小时。因为如果午睡时间过长，会进入深度睡眠阶段。你醒来后可能会觉得头重脚轻、精神不振，甚至晚上难以入睡。其实如果你能睡得着，哪怕只有 5 分钟也足够。

对于午睡，我们应尽量做到以下几点。

（1）控制午餐的用量。 午休前避免大量进食，特别是不容易消化的食物，因为消化负担一旦增加，会引起腹胀，从而影响午睡的质量。

（2）保持规律的生物钟。人体有一个内在的生物钟，控制着我们的睡眠—清醒周期。如果每天都在相同的时间进行午休，可以帮助我们的身体建立午休习惯，有助于身体适应并提升午休的效果。

（3）保持舒适的睡姿。很多人午睡喜欢趴着睡，这个姿势是不好的，因为趴着睡可能会压迫心脏，导致脑供血不足。此外，趴着睡时，势必要将头枕在胳膊上，容易导致手臂麻木。所以，最好还是平躺或身体稍微向后倾斜靠在椅子上，这样能有效避免压迫心脏和手臂。

小贴士

如果条件有限，必须趴着睡，那最好选择一个舒适的位置，使用一个柔软舒适的午睡枕，用头枕支撑你的头部。醒来后稍微做做伸展、活动一下筋骨，防止身体在午睡后出现不适。

（二）坚持运动，为大脑持续供氧

适度的身体锻炼不仅有益于身体健康，对大脑活跃也有帮助。锻炼可以增加心脏的跳动次数，增加血液循环，从而将更多的氧气和营养物质输送到大脑，促进大脑的正常运转。

锻炼还可以促进身体释放内啡肽、多巴胺等"快乐荷尔蒙"，能有效改善情绪和心理状态，从而有助于大脑保持活跃。此外，锻炼可以提高大脑的注意力和专注力，使人更能集中精力地学习。

在我读研期间，有个一起跑步的学弟给我留下了深刻的印象。他是数学学院的本科生。他说他每天都会坚持跑步，对他来说，跑步似乎有种神奇的魔力，想半天没有思路的题，跑完步就突然知道怎么解了。

所以他一遇到难题，就会先放一放，先出去走一走、跑一跑，透透气再回去解决。我当时还想：跑步有这么神奇吗？后来我在写毕业论文时，才发现，跑步真的可以解决问题，没有思路时，出去跑一跑，回来后思路就会拓宽很多。

现在回头再看，就会发现这位学弟的做法很有智慧。面对难题时，他采取了运动锻炼来缓解焦虑。

这位学弟的做法也反映了一个重要的学习策略，该放松时放松，该专注时专注。正如前文所讲，强迫自己在问题面前埋头苦干不是最好的方法，因为长时间的强制性努力会导致注意力疲劳和压力增大，从而影响大脑解决问题的能力。

小贴士

当你面对难题感到束手无策时，不妨试试该方法，锻炼一下，让大脑得到重启的机会。

（三）保持健康的饮食

饮食对大脑的健康也有很大的影响，应摄入足够的 ω-3 脂肪酸、维生素和矿物质。

（1）多吃富含 ω-3 脂肪酸的食物（如三文鱼、鳕鱼等鱼类和坚果、亚麻籽）。ω-3 脂肪酸在人体中无法自行合成，需要通过饮食摄入。它对大脑的功能有重要作用，有助于促进大脑发育、提高注意力、记忆力等。

（2）摄入足够的维生素和矿物质。维生素和矿物质对于大脑的正常功能和健康至关重要。多吃各种蔬菜、水果、坚果和全谷物，可确保摄入丰富的营养物质。此外，还要注意保证身体水分充足。水是大脑正常运作所必需的元素。保持足够的水分摄入有助于维持大脑清晰的思维。

小贴士

饮食不仅影响大脑，还影响全身健康。关注饮食，多摄入营养丰富的食物，可以帮助维护大脑的健康，提升大脑的活力，更好地应对学习和生活中的挑战。

小时候有位老师告诉我们"脑子越用越灵活，不用则会生锈"。与身体一样，大脑也需要持续的锻炼和刺激来保持灵活与健康。

一位心理学家提出了"认知活跃度"（Cognitive Vitality）的概念。他通过研究发现，那些在生活中积极参与认知挑战、持续学习和思考的人，更有可能减缓认知退化的速度，预防认知障碍和阿尔茨海默病的发生。因此，他提出：不断学习对保持大脑活跃性至关重要。

大脑成像研究也显示，从事持续学习和训练的人，其大脑结构更健康，灰质和白质的密度更高，特定区域的活动更强。因此，我们可以通过不断学习新知识、尝试新技能、解决新问题，来刺激大脑的神经联结，保持大脑处于活跃状态。

小贴士

在日常生活学习中，我们可以经常有意识地参与和解决问题、逻辑推理相关的活动，参加脑力训练游戏、智力挑战，如数独、拼图、字谜等，以此来锻炼大脑的思维能力。

笔记心法：盲目记笔记要不得

从小学开始，老师就在不断强调课堂笔记的重要性。但我发现作为被要求做笔记的一方，大多同学对记笔记这件事是比较模糊的，对做笔记的认知和态度存在问题。比如下面几种典型问题：

（1）从不做笔记。 这些同学对记笔记的态度存在问题，觉得记笔记是浪费时间，甚至有人认为自己记忆力奇佳，不需要记笔记。也有同学想着：我上课时认真听老师讲，课下再记笔记。但是，等下课了，课上学的内容也基本上忘得差不多了；或者"懒惰小人"战胜"勤奋小人"，就算没忘也不想写了。

（2）直接抄笔记。 这些同学不愿意自己整理笔记，课上喜欢无脑抄板书，或者课下借学霸笔记直接抄，也不去理解笔记背后的思路，这样很容易记成内容全面但毫无重点的

"流水账"或者只有笔记没有思考和总结的"记录册"。这种不是按自己思路整理的东西，复习的时候会很吃力。

小贴士

笔记一定要自己记，千万别复印别人的笔记。因为记笔记也是学习的过程。认真记笔记会大大提高你的学习效率。

（3）**在书上记笔记**。书上的字本来就够多的了，还在书上记笔记，写得满满当当的。考试复习拿着厚厚的书看，效率低下不说，还抓不住重点。

（4）**无法坚持记笔记**。有些同学刚开始干劲满满，将笔记记得很好很认真，但过不了几天就不愿意记了。甚至一段时间过后，笔记本放在哪里都不知道了。这真的不是夸张，我就遇到过不少这样的同学。其实，大家无法坚持记笔记的原因无非以下两个：别人记的笔记整洁又漂亮，而自己的字不好看，记着记着自己开始嫌弃自己；觉得复习时笔记帮不上忙，还不如看书。

（5）**笔记记得太多**。这些同学勤勤恳恳，努力记笔记。记完笔记发现，我怎么多了一本书？因为记得太多，不知道该从哪看起，这些同学就是典型的学习抓不住重点，眉毛胡子一把抓。

前段时间，看到网上有人把学习和考试比作吃海鲜自助。吃自助时，我们都想在有限的两小时内吃回本。没有人吃自助会去吃几斤"海草"，去喝几十碗紫菜汤，因为这些怎么吃也吃不回本。我们重点要吃贵的，吃我们平时舍不得吃的，多吃大龙虾、帝王蟹，这样才容易回本。回到学习也是一样的，我们要做的就是充分利用有限的学习时间，争取拿到更高的分数。

小贴士

做笔记时要学会选择，学会舍弃，有舍才有得，我们要重点记那些像大龙虾、帝王蟹一样考试分值高、高频出现的知识点，舍弃像海草、紫菜汤一样分值低又不爱考的知识点。

（6）记完不愿意看。 好不容易记完的笔记，结果记完了也就完了，不会再去看第二遍，好像记完了就代表学会了。这样记笔记不就白记了吗？

（7）不愿意改动。 有这个问题的同学不在少数，这些同学为了保持笔记的美观，写完笔记后往往不愿意修改，比如写错了或者正好写到这行结束，再往下写就会不好看了，索性就不改了，也不往下写了。

我上初中的时候也是这种人。那会儿，大家写错字要么用胶带纸粘掉，要么用修改液、修正带涂掉，但这样难免会影响笔记的美观，尤其用修正液跟修正带涂改，白白的一坨，太丑了。

所以，笔记要是写错了，我一般会用胶带纸粘，但胶带纸粘这个活挺考验技术的，一不小心会粘出个窟窿。粘出窟窿可不得了，我得重新抄一遍笔记。多抄一遍笔记耗时耗力不说，对提高学习成绩帮助也不大。

好在我这个毛病在中考前改过来了。在中考考前的几个月里，老师不断强调中考试卷是机器判的，写错了用一根线划掉就好了，不要画黑团团，更不要用胶带纸粘，用胶带纸粘留下痕迹，会被判为作弊。

老师说，考试考查的是你是否掌握了知识点，而不是你写得是否美观，考试不是选美比赛。自那之后，我就不再追求完美笔记了，也慢慢明白了记笔记的真正意义。

小贴士

记笔记是记录新知识的过程，这个过程会迫使我们对新知识进行积极思考，减少大脑对记忆新知识的"怠慢"。整理笔记的过程也有助于理清学习思路，加深我们对学习内容的理解和思考。

那么如何才能避免以上这些记笔记中常出现的问题呢？想要克服记笔记存在的问题，首先要明确以下两件事：

一是为什么要做笔记？

根据艾宾浩斯遗忘曲线，我们在学习全新知识后的一天内将会遗忘掉接近 70% 的内容，而第三天会在这个基础上继续遗忘。另外，没有受过记忆训练的人在背诵和记忆一些东西时，往往会出现记忆内容错乱、顺序混乱甚至内容错误等情况。

而当我们学习了新知识后，及时复习回顾，可以有效减缓遗忘速度及记忆内容错乱出现的次数，使知识在脑海中留存的时间更长，这也是为什么定期复习对知识的长期记忆和理解非常重要的原因。而且想要高效复习，就不得不提到笔记，高效复习与合理的记笔记方法密不可分。笔记不仅是学习的辅助工具，还是复习时的重要资源。

古人说："手抄一遍，胜读十遍。"抄写的同时让我们的思维慢了下来。记笔记时眼睛在看，大脑在想，在这样的慢频率下，可以加深对知识的理解。

记笔记这一行为，迫使我们用记录的方式获得新知识。而在记录新知识时，我们会不由自主地思考如何用简洁明了的语言将复杂的概念表达出来。这将进一步迫使我们对知识进行深入的理解和梳理，从而减少大脑"自动怠慢"知识的机会。

同时，在这一过程中，我们将抽象的概念和信息转化为具体的文字，这个转化能更好地将知识固定在记忆中。我们还会主动地回顾和回忆已经学过的内容，从而不断巩固记忆，帮助我们理清学习思路，提高对知识归纳总结的能力。

另一方面，"文字"是最能清晰量化"积累"这个长期效应的符号，通过厚厚的笔记，能清晰地看到我们在学习道路上留下的印记。

小贴士

笔记不能为了记而记，记笔记不是学习的结束，而是开始。做笔记是为了高效复习、为了考试拿高分。笔记做得好相当于多了一份备考秘籍，考试可靠它实现逆袭。

整理笔记能帮我们将零散的知识点组成一个有机的整体，形成较为完整的知识脉络，避免知识的孤立和割裂，有助于我们更好地、系统地理解知识。将知识点以清晰的方式整理出来，让我们更容易在脑海中构建起一个立体的学习网络，让学习变得更加生动有趣。

总之，记笔记不仅是记录知识的过程，更是帮助我们积极思考、整理和巩固所学内容的过程。这一过程不仅有助于减少知识的遗忘，还能够增强我们对知识的理解。

二是如何做好笔记？

首先，明确记笔记的目的。在开始记笔记之前，要明确我们记笔记的目的。具体是为了复习和记忆、整理思维，还是记录关键信息？不同的目的应选择不同的笔记风格和结构。

明确记笔记的目的后，我们就可以根据不同情况采用适合的笔记风格和结构。

目的一：复习和记忆。如果记笔记是为了后期复习并记住相关知识点，那么我们的笔记要记录的更加详细、完整。可以使用长句来记录相关的重点内容，同时也可使用自己熟悉的表达方式与词汇。

比如我们学习历史中美国独立战争这一知识点时，教材上比较严谨的表达如下：

美国独立战争发生于 1775 年至 1783 年，是北美十三州殖民地与英国之间的一系列武装冲突，旨在寻求独立和脱离英国的统治。这场战争最终导致了美国的独立和建立了美利坚合众国。

我们可选择更通俗的话来表达，比如：美国独立战争是1775年到1783年之间发生的。当时北美十三州殖民地的人民不满英国的统治，于是拿起武器来争取独立。最终他们成功了，并建立了美国这个国家。

用自己的话来表达，会使美国独立战争这一历史事件更加容易理解和记忆。

再比如，当学习生物学里细胞结构这部分内容时，同样可以采用自己熟悉的表达方式和词汇来记笔记。

先来看书本上的表述："细胞是生物体的基本结构和功能单位，分为原核细胞和真核细胞。细胞的主要部分包括细胞膜、细胞质、细胞核和细胞器。细胞器包括线粒体、内质网、高尔基体等，它们各自承担着不同的生物学功能。"

用自己的话表达：

细胞是生物体的基本机构和功能单位，分为简单的原核细胞和更复杂的真核细胞。细胞的组成有四个主要部分：细胞膜是外层的壳，保护着细胞内部；细胞质填充在细胞膜内，就像一个包含各种物质的胶囊；细胞核是细胞的控制中心，类似于大脑，指挥着细胞的工作；细胞器是细胞内的各种工具，比如能量工厂线粒体、物质生产线内质网、分子包装站高尔基体等。这些细胞器各自负责不同的工作，使细胞能够正常运作。

这段笔记，使用了更贴近日常语言方式的表达，而且详细说明了细胞各个组成部分的功能，使得细胞结构和功能更容易被理解和记忆。

目的二：整理学习思路。 如果你记笔记仅仅是为了整理学习思路，加深对知识的理解，那你可以在笔记中使用图表、流程图、思维导图等来展示各个概念之间的关系。这些工具的使用会使得关系复杂的内容变得更易于理解，有助于更好地理清思维脉络，从而更深入地理解所学内容。除此之外，你还可以在笔记中留下一些问题，或者记下待解决的题目，这样能帮助你更加深入地思考。

以下是一些笔记中常用的可视化工具，大家记笔记的时候可以结合自己的需求选择合适的工具呈现。

（1）流程图。 用来展示有先后顺序的一系列步骤、过程或事件。比如一段时期的历史事件、实验学科的科学实验过程等。

（2）思维导图。 当知识层次结构复杂、知识点间包含多个关联概念的时候可以考虑使用思维导图。它能够以可视化的方式展示主题、子主题以及它们之间的层次关系，理清复杂的知识体系。除此之外，在复习回顾阶段，思维导图可以帮助我们快速回顾重要概念以及它们之间的联系。

（3）**表格**：一般用于相似概念的比较和信息的归类，可以使相似的、复杂的内容更加整齐和易于理解。可以用在历史事件、生物物种、物质性质比较等方面。

小贴士

无论选择哪种可视化工具，目标都是将杂乱的内容以更清晰、更易懂的方式呈现出来，这对整理学习思路、加深对知识的理解都有帮助。

目的三：记录关键信息。如果记笔记的目的只是用来记录关键信息，比如课堂知识要点，可以使用较为简洁的笔记风格。记录的时候可以使用较为简短的句子、短语、概要甚至关键词来记录课堂上比较重要的内容。

注意这时候也可以在笔记上画几道竖线，将其分成几个不同的部分，使得每个部分都聚焦在一个特定的主题上，这样可以帮助我们更清晰地呈现不同要点和主题。

小贴士

根据你记笔记的目的，选择合适的笔记风格和结构，确保笔记的结构完整、条理清晰，以便在需要时能够轻松回顾相关知识。

接下来，就是记录与整理。这一步要在课堂上紧跟老师的思路，专注老师对知识点的讲解以及对例题的演示和示范，要特别注意他们强调的重点内容。

记录的时候不要试图将老师在课堂上讲过的所有内容都记下来，尤其是理科学科，一定要跟着老师理解一遍，着重记录那些关键概念、定义、重要例子和解释即可。

写到这里，我不由得想起我之前教的一位准备考研的学生。他学习特别认真，笔记做得也很细致，数学课上他会把我说的每句话都记下来。我一开始还不知道，后面他下课总拿着记笔记的本子来问我问题，我才发现。我跟他说了好几次，笔记要挑重点记，不要什么都写，不然复习的时候会很费劲，他却不以为然。

那时候我刚从事教育行业没多久，看他学习劲头铆得如此足，想着他的成绩应该不会太差。结果第一次成绩出来，我就大跌眼镜，满分 150 分的试卷他只考了 50 多分。

虽然这位学生非常认真地记录了课堂内容，但他却缺少对笔记的筛选和归纳，记录了过多的细节，从而忽略了核心的概念和要点。这导致他在课后复习的时候，要从大量琐碎的笔记中寻找重点内容，耗费较多的时间精力不说，还不一定有效。

小贴士

记笔记一定要筛选重点，将时间精力花在刀刃上，也就是说将精力集中在关键概念和重要的知识点上。而且要注意不要只是抄写，更重要的是对课堂内容的理解。

课堂时间有限，笔记中难免会有缺漏和笔误，课后要及时对照书本或者回忆有关信息，对笔记中出现的缺漏、跳跃、省略、简记等内容进行及时补充、纠正笔误，确保笔记内容的准确性和连贯性。要按照章节、主题等组织笔记，将零散的信息整合到对应的地方。

整理的过程也是笔记二次加工的过程，在这个过程中我们可以用颜色突出的笔来强调重点。如果课后发现某些知识点需要进一步的解释，可以在笔记边缘添加注释。

同时也要注意再次理解笔记内容。不仅仅是抄录，还要加入自己的理解和想法。必要时可以在笔记空白处或者使用标签纸写下你整理时遇到的问题、产生的新理解、新想法。

以上记笔记的要点正是康奈尔学习法的核心。为了更加科学有效地记笔记，下面我们一起来看看如何利用康奈尔学习法记笔记。

康奈尔学习法是美国著名常青藤盟校——美国康奈尔大学教育学教授沃尔特·鲍克发明的用记笔记来促进学习的方法，又称"5R 笔记法"，其中 5R 分别是记录（Record）、简化（Reduce）、背诵（Recite）、思考（Reflect）、复习（Review）。

通过"康奈尔学习法"，用一张 A4 或 B5 的白纸就能提高十倍的学习效率，非常值得同学们学习。它涵盖了从课堂记录到课后复习的全过程，是较为系统、完整的学习方法，可以有效杜绝课上不会记笔记、课下懒得再次梳理笔记、笔记记完扔一边等问题。

那么康奈尔学习法具体怎么使用？

首先我们在一张纸距底部五分之一的位置画一条横

线，再在纸的左边距左边线五分之一的位置画一条竖
线（注意：不要与之前画的那条横线交叉），将纸分成
如图 2-1 所示的三栏，右上区域为主要笔记区域，约占整
个页面的60% ~ 70%。

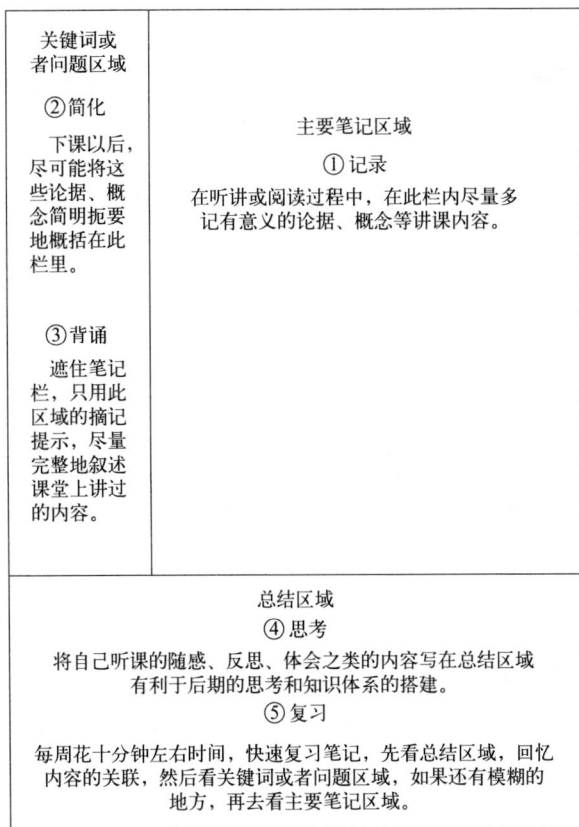

关键词或
者问题区域

②简化
下课以后，
尽可能将这
些论据、概
念简明扼要
地概括在此
栏里。

③背诵
遮住笔记
栏，只用此
区域的摘记
提示，尽量
完整地叙述
课堂上讲过
的内容。

主要笔记区域
①记录
在听讲或阅读过程中，在此栏内尽量多
记有意义的论据、概念等讲课内容。

总结区域
④思考
将自己听课的随感、反思、体会之类的内容写在总结区域
有利于后期的思考和知识体系的搭建。

⑤复习
每周花十分钟左右时间，快速复习笔记，先看总结区域，回忆
内容的关联，然后看关键词或者问题区域，如果还有模糊的
地方，再去看主要笔记区域。

图2-1 康奈尔学习法笔记示意图

主要笔记区域主要记录课堂上老师讲授的内容。左上区域为关键词或者问题区域，主要用于提炼知识点，方便后续背诵。下面一栏则作为总结区域，对所学内容进行反思与复习。

将整张页面划分好后，我们就可以开始用康奈尔学习法的五个关键使用步骤来学习了。

第一步，记录。在哪里记录呢？在右上区域的主要笔记区域记录。如何记录？按老师上课时板书的框架，结合课本内容，把这节课的概念记下来。

小贴士

这一步切忌一字不漏地照搬课本，不然抄到手软，感动的也只有自己，要提炼重点，做到简明扼要。比如名词解释，列出关键词即可，一些抽象的名词，可以标注其在教材中的页码。记录时可配合图文、符号、缩写等。

第二步，简化。该步骤是在课后将第一步所做的笔记进行精简再精简，将一些关键词、关键句和问题，精炼出来写在关键词或者问题区域。另外老师在上课时提到的一些小技巧也可以写上。

第三步，背诵。到了复习的时候，可以找一张白纸，或者直接用手盖住右侧的主要笔记区域，看着左侧②中精简的内容来回忆笔记的整体内容，并试着用自己的语言复述笔记，这样做相当于又复习了一遍课上所学。

第四步，思考。通过第三步的背诵，我们会发现有一些东西记得牢，有一些东西记得不是那么牢，甚至完全想不起来。这时候可以在总结区域写下学习心得，比如哪些知识点掌握得好，哪些知识点还有疑问，需要进一步巩固。

我刚开始使用康奈尔学习法记笔记的时候，不会写总结，甚至有时候为了在总结这个区域填上内容而进行强行总结、强行反思。后来在实践中，我慢慢意识到，笔记是为了服务我，它只是个工具，我不能被它所困。

小贴士

总结区域也可以写下对这节课的评价，例如难易程度、是否需要重点复习、是否为高频考点等，也可以在周测、月考结束后补充自己关于这节课的错题。实际上，不是每一页笔记都会有所感悟，所以这个区域可以选择性不写。

第五步，复习。复习这步相对比较简单，但很重要。具体我们可以规定自己每周花十分钟时间，快速复习笔记，可以先结合关键词或者问题区域进行复述，再查看主要笔记区域，检验学习效果。当把笔记分成主要笔记区域、关键词／问题区域和总结区域时，可以更好地突出重点信息，使复习更加高效。

我们来看两个具体的例子。

首先，让我们以数学为例，来看看如何在理科学习中应用康奈尔学习法记笔记。假设你正在学习三角函数，你可以这样运用康奈尔笔记法：

主要笔记区域：

记录老师讲解的三角函数定义、公式和性质，例如：

正弦函数（sine function）：$\sin(A) = $ 对边／斜边；

余弦函数（cosine function）：$\cos(A) = $ 邻边／斜边；

正切函数（tangent function）：$\tan(A) = $ 对边／邻边；

三角函数的周期性和对称性等。

关键词／问题区域：

提炼笔记中的关键要点，或者写下你对这部分的问题和需要进一步理解的概念，例如：

什么是弧度制和角度制？它们之间的转换公式是什么？

三角函数在直角三角形中如何应用？

如何用三角函数解决实际问题，比如计算建筑物高度或者测量无法直接测量的距离？

总结区域：

在课后总结学到的重点，归纳、整理三角函数的特点、用法以及学习时的注意事项等，也可以记录自己的学习感悟，例如：

要注意记住基本的三角函数值，特别是60°、45°、30°等特殊角度的值，这些常用的值在计算中经常会用到。

要掌握三角函数的基本性质，这些性质可以帮我们简化计算。

要多做练习题，以加深对三角函数的理解和掌握。

在复习时，你可以先快速浏览主要笔记区域，回顾三角函数的定义和公式。然后，着重关注关键词/问题区域，通过关键词串联笔记主要区域的内容，或者回答问题。最后，查看总结区域，巩固和加深对三角函数的理解，复习中产生的新的学习感悟也可以记在这个区域。

接下来，我们以历史学科为例，来探讨康奈尔学习法在文科学习中的应用。假设你正在课堂上学习美国独立战争这一部分内容，你可以采用以下康奈尔学习法里记笔记的步骤：

首先，在主要笔记区域记录关于美国独立战争的核心知识点，例如战争的起因、参与的主要国家、关键的战役和决定性的事件等。确保这些内容简洁明了，重点突出，便于日后复习。具体可以参考以下内容：

独立战争起因：英国殖民政策限制，税收压迫，殖民地愈发不满。

主要国家参与：英国、美国殖民地、法国。

关键战役：萨拉托加战役、约克镇围城战役。

决定性事件：

1775 年 4 月 19 日，列克星敦和康科德之战爆发，标志着美国独立战争的开始；

1776 年 7 月 4 日，美国签署《独立宣言》，正式宣告独立；

1783 年 9 月 3 日，美国与英国、法国、西班牙等国签署《巴黎和约》。

其次，在关键词 / 问题区域梳理出关键信息，或者记录一些与美国独立战争相关的问题和想法，以便复习时能拥有清晰的思路。比如以问题的形式：

美国独立战争的导火索是什么？

独立战争对美国的影响有哪些？

美国是如何战胜英国赢得独立的？

哪些人物在独立战争中发挥了重要作用？他们的贡献是什么？

法国在独立战争中扮演了什么角色？

为什么独立宣言对美国历史具有重要意义？

最后，总结区域可以记录课后总结学到的重点，归纳整理美国独立战争的意义和影响，也可以写下个人的学习感悟，例如对独立战争这段历史的理解、与其他历史事件的关联等。比如：

美国独立战争是美国独立的起点，也是美国建国的关键基石，为美国国家独立和民主政治奠定了基础，同时，也在全球范围内鼓舞了其他殖民地的独立运动。

通过学习独立战争，我深刻体会到殖民地的不满如何逐渐酝酿成一场重大的革命。我也意识到独立战争对美国的形成和后续的发展具有深远的影响。

三、围绕目标夯实学习效果

上完一堂课后，课下的巩固练习也很重要。巩固练习是强化课堂学习效果的利器，使我们所学的知识更加扎实、牢固。然而，要想实现这一目标，不仅需要及时完成课堂作业，还需要积极获取并充分利用课外资源。

趁热打铁：及时完成课后作业

课后作业是对课堂所学知识的应用。课上授课结束后，老师们往往会根据课堂所学内容及课程目标，有针对性地布置作业。通过写作业，可以巩固学习成果，加深我们对知识的理解。

学习的过程就好比建造房子。前面提到的上课认真听讲就好比为房子的整体结构打好基础，而完成课后作业就好比为房子进行室内室外的装修与布置。

上课认真听讲是获取新知识、概念和理论的过程，是为房子的地基、墙体和屋顶构造框架的过程。但房子仅仅有了框架还不够，它还需要安装门窗，进行室内装修、增添内部设施，这样我们建造的房子不仅实用，还会很舒适。

如果你只注重上课听讲，但不写作业，那么你的房子即使有了整体结构，也满足不了居住的要求。所以，我们需要通过课后作业让课堂上所学的知识更加实用。完成老师布置的作业，不仅可以复习所学的课堂知识，而且在做题的过程中发现问题并尝试解决，也是额外深入学习的好机会。

小贴士

上课认真听讲和完成课后作业两者相辅相成，缺一不可。我们需要同时做好两个阶段，使学习过程更加顺利。

那么如何保质保量、高效地完成课堂作业呢？

首先，一定要及时。一定要趁着记忆中保留对课堂内容足够多理解的时候立马行动。不要有任何拖延，在最后时刻赶工会导致压力倍增，甚至情绪失控，十分影响作业质量。

我小时候玩心比较大，放学了总惦记着跳皮筋、丢沙包、玩卡片。记得上一年级的时候，我一放学就出去疯玩，再等我母亲做好饭，吃完饭已经七点多了。这个时候再写作业，我会极不情愿，而且当时睡得也早，所以写作业这件事就成了我的负担，甚至一想到吃完饭又要写作业就不由得心情低落，吃饭速度也放慢，能往后拖就往后拖。

好在我母亲是位老师，她发现我状态不对劲后，跟我一起分析了原因，鼓励我一放学回家就先去写作业，写完作业正好吃饭，吃完饭再去玩耍。这个时候作业也完成了，出去玩心里也不会总惦记着作业，能玩得更加尽兴。再后来，我甚至期待每天赶紧完成作业，再也没出现过害怕写作业的情况。

这个经历让我认识到及时、高效完成作业，不仅可以减轻压力、提高作业完成质量，还能获得更多时间去参与其他活动。尝到甜头后的我，再做任何事，都积

极了很多，避免将事情堆积在一起，给自己带来心理
压力。

其次，发现问题，及早解决。很多人在学习的时
候有个认知上的误区，那就是觉得自己在单位时间内
做的题目越多越好。他们为了追求做题的数量，遇到
不会的题目就直接跳过去，写的永远是自己会写的、
已经掌握的题。

这是一种自我感动式的学习方式。他们会想，你看我
多辛苦，学了这么长时间，做了这么多道题。但这种只做
自己会的题的做题方式对成绩的提高是没有帮助的，即
便你花再多的时间，做再多的题，不去解决你不擅长的题
目，不会的题依然是不会的状态。

那么如何通过完成课堂作业，让自己的学习成绩有所
提高呢？

通过作业的查缺补漏，及时发现问题，并在第一时间
解决。完成作业的过程是重新回顾、整理并应用课堂所学
知识的过程。在这个过程中，我们会发现自己对某个概念、
原理或问题的理解不够透彻，这时候一定不要轻易跳过去，
或者含糊过去，要立马停下来，复习一下相关内容，重新
理解题目所涉及的核心知识点。

小贴士

　　在查缺补漏时要充分利用各种资源，比如教材、课堂笔记或者互联网，也可以向同学、老师请教，确保将有疑问的知识点从根本上弄明白，这样下一次遇到类似的问题就不会再感到困惑。

　　此外，很多同学做题的时候还会有个误区就是过度追求正确答案，从而忽视了出错的本质及背后产生问题的原因。没有发现有些题目对应的知识点，其实自己根本没有掌握，只是歪打正着猜对了，尤其是在做选择题的时候，有一些可用的小技巧，这些技巧让我们忽略了一些应该掌握的知识点。使用技巧在考试时是可行的，但在日常学习中，我们的目的还是掌握知识，所以要杜绝这种答案至上的学习态度。

　　写作业时，我们不仅仅是为了找到正确答案，或者是记住某个答案，更是为了掌握知识，培养解决问题的思路。所以做题时不仅要知道正确答案是什么，也要思考它为什么是正确的。当我们掌握了题目涉及的知识点，清楚了解决问题的方法，即使遇到之前没碰到过的题目类型，也不影响解答，能够保持成绩的稳定。

最后，写完作业，一定要反思并总结。不少人认为写完作业就万事大吉了。他们顶多对一下正确答案，把错题改过来就结束了。这就好比你吃完饭不擦嘴。一两次不会有问题，但次数一多，时间一长，问题就来了。

所以，在检查完作业的答案后，如果有错题，不仅要改过来，还要仔细分析出错的原因。是计算错误、逻辑错误、概念不清楚，还是步骤出错？找到错误的原因可以有效避免再犯同样的错误。

至于做对的题目，也要思考自己是如何得到正确答案的，以便后续做类似题目时能更快找到方法。如果题目解法不唯一，可以尝试再思考一个与自己做法不同的方法。做题不要仅仅停留在表面，要深入理解其中的原理和推导过程，还要分析它们之间的联系和差异；不要拒绝不同的解法，要保持开放的思维，这有助于解题思路的扩展。

在完成作业的过程中，我们会经常遇到一些重要的知识点以及需要记住的定理、公式等。一定要做好这些内容的整理与总结，方便以后复习和查阅。注意在整理时，要着重标记那些对你来说比较容易忘记的内容。如果你发现自己在某些知识点掌握得不够深入，或者在某类型的题目上有困难，要及时发现不足并补齐不足，有目的性地针对薄弱环节进行提升。

小贴士

不要把作业仅仅当作一项任务来完成，而要将其视为重要的巩固复习知识点的机会，通过反思和总结，使自己的学习更加深入，最终提升整体学习水平。

自主提升：有效获取课外学习资源

课上授课的时间是有限的，因此课堂上老师所能传授的知识也有限的，所以对学习者来说，只依赖课堂传授的知识是远远不够的。通过课堂获取知识只是学习的起点，接下来的知识拓展需要我们利用课下的时间自己完成。但现实中很多人不清楚如何在课下获取学习资源。

那么如何获取学习资源呢？

学校是一个很便捷的渠道。学校图书馆就是最为宝贵的自学资源，在学习过程中需要的一些参考书籍或者期刊基本都可以在图书馆中找到。如果找不到纸质书籍，大家还可以尝试从学校图书馆的网络资源中搜寻。

很多学校，尤其是大学图书馆的官网会有一些电子图书资源、学术数据库等，这些都是我们在学习过程中可以加以利用的。比如，如果你要学习历史，那你可以在学校图书馆的历史专区获取大量相关的书籍和研究资料，这些资料能够帮助你深入了解历史事件和历史人物。

然而不同地区之间的教育资源存在着较大差异，可能有些地方中小学没有配备图书馆。现实情况是：目前各个地区不仅硬件资源之间存在差距，师资方面也存在着不小的差距。

我现在所在的江浙地区，教师招聘要求较高，一般都要求是专业对口的研究生，其中不乏985的优秀毕业生，而在我的老家甘肃小县城，则很难招到合适的老师，只要有相应学科的教师资格证，就能应聘老师，且普通本科学历即可。

单纯从专业、学历上就能看出发达地区与欠发达地区老师存在的差距不是一星半点，这些差距可能影响学生的学习体验和学习质量。但是只要你渴望学习，以上这些情况都不是问题。因为我们还有丰富的网络资源可以加以利用。

要用网络资源要会使用搜索引擎。搜索时选择合适的关键词，并尝试不同的筛选条件，以帮助我们更准确地找到所需的学习资料。另外，像中国国家图书馆这类官方平台也提供了大量的学习资源，可以帮助我们获取相关书籍、论文和资料。

目前，一些开放式课程平台（如新东方在线、腾讯教育、CCtalk、沪江网校、网易云课堂等）也提供了大量免费或付费的在线课程，我们可以根据自己的需求选择合适的资源，进行深入学习。除了上面这些专门的学习平台，一些社交平台也涌现出了不少优质的学习资源，比如公众号、哔哩哔哩、小红书、抖音等，我们可以根据个人需求和兴趣选择关注一些教育相关的账号，以获得有趣的学习内容。

除此之外，还可以加入自己感兴趣的学习社区。目前网络上有许多在线学习社区，比如知乎、CSDN等。这些社区汇聚了大量的学习者、专家、技术人员，你可以在这些平台上提问、讨论，向他人学习，也可以分享自己的学习经验、心得和疑惑。如果你对某个特定的领域有深入的学习需求，可以加入相关的学习社区。比如，如果你对文学感兴趣，就可以选择加入文学社区。

通过积极参与这些学习社区，不仅能够获取更多的学习资源，还能与其他人共同进步。同时，参与社区也是一种分享和回馈，为他人提供帮助，也会从中获得成就感和满足感。

小贴士

自主提升是实现个人综合能力提升的关键。通过充分利用学校资源、互联网、积极参与学习社区获取课外学习资源，可实现自主提升。

四、善于总结：以点带面

总结是学习中一项极其关键的技能，它是将大量信息、知识或观点压缩成更加简洁形式的过程。可以将复杂的知识点归纳为简洁的表达，将杂乱无章的信息整理成有逻辑、有条理的形式，能够让我们在有限的时间内抓住问题的关键要点，并通过这些要点连带着理解相关的知识与问题，做到以点带面。

抓住核心内容

在学习中，迅速抓住核心内容是高效学习的关键。课程和学习资料中往往包含了大量的信息，但并不是所有的内容都同样重要。如果陷入细节，花过多时间在琐碎的内容上，反而会忽视学习内容中的关键要点。

当我们阅读一本书时，如果关注点是书中的每个词，忽视了整体的主题和观点，那么我们的时间会被无所谓的细节消耗掉不说，还会对书中的核心思想一无所知。更加严重的是，陷入细节很容易让我们丧失对整体内容的把握，导致知识脉络混乱，进而偏离正确的学习方向。相反，如果我们能快速把握作者表达的观点，那么我们就能更快地领会书中的精髓，有针对性地深入阅读核心内容，从而更好地消化和吸收知识。

因此，在阅读、听课、学习资料时，不要纠结于细枝末节，先理解主要观点和核心思想。假设我们正在解决一个复杂的数学问题。如果一开始就陷入每个细节的计算，可能会陷入无休止的计算循环，费时费力且未必能得到正确答案；而如果我们能够快速识别问题的核心，把问题归纳为一个简单的数学原理或公式，就能够更快地找到问题的解决办法。

简明扼要地概括

我们经常需要从大量的知识或信息里提炼关键内容，将其概括成简洁的形式。简明扼要地概括可以帮助我们在学习中快速获得所需的核心知识点，避免将时间浪费在不必要的细节上。同时，将注意力集中在核心要点有助于避免分散注意力，快速筛选出对自己有价值的内容。

如何进行简明扼要的概括？你可以参考以下做法：

提取关键词和短语：从学习资料中提取代表核心内容的关键词和短语。重点关注标题、副标题，以及重复出现的关键词。

找到主题句：主题句概括了整个段落的主要内容，通常出现在段落的开头或结尾，可以帮助我们抓住段落的核心。

删繁就简：概括时要注意删除冗长、无关或重复的信息，只保留能够传达核心意思的关键内容，避免陷入无限细节。可适当使用标点和符号来强调关键观点。例如，使用破折号、引号、括号等来突出某些重要内容。

归纳总结：可以将多个相关的知识点归纳总结为一个简洁的陈述。在阅读文章、听课、学习新知识时，多尝试用简洁的语言总结内容，可以帮助我们集中注意力，避免混乱。归纳总结是一个不断精炼的过程。初次总结后，可以反复查看和修改，让概括更简洁、更准确。

形成框架

总结是对零散知识点归纳、整理的过程。我们通过找到知识间的共同点和联系，将分散的知识点有机地结合起来，并构建知识点之间的联结，以此形成一个完整的知识框架。

知识框架有助于我们更好地理解知识间的关联，使学习不再是孤立的知识片段，而是一个有机的整体。

以学习历史为例，我们在了解不同时期的重要事件之后，可以通过总结每个历史时期的主要事件、影响，将这些事件按照时间线、社会背景等要素进行分类和联结，以此形成一个清晰的历史知识框架。这个框架可以帮助我们更快捷地回顾、理解历史发展的脉络，而不只是记住一些孤立的历史事件。

小贴士

总结对理解知识的内在逻辑起着至关重要的作用。通过总结，我们能够更好地把握知识的结构和脉络，看清各个知识点之间的逻辑关系，帮助我们深入理解知识的本质，发现问题的根本原因，从而让我们在解决问题时更加准确、高效。

当我们学习数学中的定理时，如果只是死记硬背定理的表述，那在遇到稍微变形的问题时就会感到困惑。如果我们通过总结定理的证明过程、使用方法以及与其他相关定理的联系更深刻理解定理时，我们就能更好地掌握这个定理的内在逻辑。这样，即使问题有所变化，我们也能够运用自己对定理的深刻理解，灵活地解决问题。

完全平方公式用于将一个二次多项式的平方展开，其表述为：$(a+b)^2=a^2+2ab+b^2$。

如果我们只是死记硬背这个公式，那么在遇到稍微变形的问题时可能会感到困惑。但如果我们总结这个公式的证明过程和使用方法以及与其他相关定理的联系，就能更好地理解这个公式的内在逻辑。

证明过程：这个公式可以通过将 $(a+b)^2$ 展开并合并同类项得到。这一证明过程虽然简单，但能让我们理解为什么这个公式成立，以及它是如何与代数运算联系起来的。

使用方法：比如，我们要展开 $(x+2)^2$，应用公式后，我们可以得到 x^2+4x+4。通过理解这个公式，我们能够清楚地知道为什么会有 $4x$ 这一项。

与其他相关定理的联系：总结完全平方公式与其他代数公式的关联，比如二次展开式、平方差公式等。通过总结这些相关公式，我们可以将各个定理串联起来，以形成更加完整的代数知识体系，加深对代数结构的理解。

总之，总结可以将零散的知识点有机地联结起来，这不仅能帮助我们记住知识，更重要的是可以帮助我们思考知识的应用场景，提高实际解决问题的能力。通过总结，我们能够将抽象的知识转化为具体的应用，并将其应用到学习或者生活中。

五、养成复述的好习惯：用输出倒逼输入

很多时候，我们会发现自己看完一本书，看完也就完了，留不下什么印象。但如果看完之后，我们向周围的同学讲述这本书的内容，那我们对这本书的印象就会深刻一些。

就我自己的经历来说，上学期间，同学们都喜欢问我问题。那时候我也很喜欢给同学们讲题，每次讲完还会确认他们听懂了没有，他们说听懂了，我还会不放心，一定要让他们再给我讲一遍才行。现在看来，我还挺有当老师的潜力的。

上面两个现象都说明，输出对知识获取的重要性。当我们向他人分享自己所学的知识时，往往需要在大量信息中挑出核心的部分，这一过程将帮助我们更清晰地理解知识的内在逻辑，形成对知识的整体把握。

遇到一些比较抽象的内容时，我们则需要将其转化成更加具体的内容。这个过程不仅要求我们要真正掌握所要讲的知识，还要学会深入思考，将知识转化为自己的语言。这个

知识输出的过程迫使我们更全面地理解，从而加深了印象。

此外，分享知识也是一种有效的学习方式，分享的过程同时也是自我检验的过程。有时你对某个概念的理解有所偏差，但并不自知。这时你向他人分享，不仅能帮助你发现错误，而且还能从他人的反馈中获得更多的思考，促进共同学习。

分享还能够增强自信。当我们能将自己的观点清晰地表达给他人，并得到积极的反馈时，会感到满足和自豪。这种积极的情绪也会进一步激发我们的学习热情，提升自信心，形成良性循环。

小贴士

学习中有任何想法不要藏着掖着，一定要乐于分享。

那么如何养成复述的好习惯？下面我将分享两个方法。

（1）做笔记。前文提到的记笔记是一个非常有效的复述方式。在课堂上或者阅读图书时，我们可以提炼关键的知识点，记录下自己的思路和感悟。此时的笔记不只是对所学内容的总结，也是一个输出的过程，能帮助我们更好地整理思路。

　　我们还可以尝试将所学内容写成文章、博客等文字的形式。写作的过程会迫使我们从不同角度思考问题、系统地整理知识，以便将分散的知识有机地串联起来，形成一个更为完整的观点。

　　（2）将所学内容讲出来。将所学知识解释给他人听，也是一个很好的复述方式。在学习的过程中可以找一个朋友、同学或家人，向他们讲解你所学的内容。自己一个人的时候，也可以自己给自己讲解一遍，或者想象自己是老师，在进行模拟授课。

　　记得我刚做老师的时候，即使对上课的内容很熟悉了，依旧对上好课没有信心。当时的室友就鼓励我把她想象成学生，让我在家甚至在散步的路上讲给她听。因为要给她讲，我在备课的过程中就会思考，如何将知识点讲得既通俗易懂，又吸引人。

　　最近，在学习英语的时候，我总忍不住思考为什么这么多年我的英语总是学不好，归根结底还是我自己不想学好，上学期间学英语就是为了应付考试，高中为了高考，大学为了过四六级，总想着成绩差不多就行了，从来没想过真正掌握英语，并为己所用。

　　意识到这一点后，我就想那我干吗不把自己想象成一名英语老师，我现在不仅仅是为了自己学英语，更重要的是我要教会我的学生。这么一想，遇到比较棘手的问题时，我就不会跳过去，而是找资料弄懂它，因为我知道这些东西将来我是要向我的学生们解释的。

把自己想象成老师，帮我建立了更高的学习标准，让我不再只是满足于表面的应付，而是追求知识真正的掌握和运用。学习英语就不再是我个人学习的问题，而是要教会他人。这一视角的改变激发了我更深的学习动机，也在无形中强迫自己更深入地掌握知识。

读者们在学习中也可以借鉴上面的做法。比如新学了一个数学知识，要求用其证明某两条线段相等。

大多数同学看到这个要求，会直接查看书本上的定理和例题，然后套用已有的解题思路进行解答。在这个过程中，他们大概率会忽略掉题目中的一些细节，和求解题目背后的逻辑。当题目稍微变化一点，就可能束手无策，因为他们没有真正理解题目的核心内容，只是机械地套用了一些模板化的解法。

如果这些同学养成了复述的好习惯，他们就会仔细阅读题目，理解题目中的条件和要求。然后将题目以自己的话复述出来，表达出题目的核心。这样不仅能更清晰地把握题目的关键点，在遇见变化的题型时，也能迅速发现题目设问的本质，快速解答。

如何记笔记：5R 笔记法

俗话说，好记性不如烂笔头，不动笔墨不读书。学习离不开纸和笔。笔记不单是课堂知识的载体，更是我们学习过程中的复习利器，笔记可以帮助我们更有目的地学习、更深入地理解、更高效地复习。上一章我们提到的康奈尔学习法中记笔记的方法（"5R 笔记法"）适用于各学科的学习，它能帮我们整理学习思路，形成更有条理的思维模式，在帮助我们提高记忆效率的同时，也有助于为我们建立牢固、全面的知识体系。

一、科学记录：摒弃逐字记录

5R 笔记法的第一个 R 是 record，即记录。

这一步非常关键，它是为了把课堂上或者阅读时的重要信息记下来，方便后续的复习和理解。记录可以帮助我们捕捉关键概念、知识点和关联信息，确保不会漏掉重要内容。

在课堂上，我们参照老师课堂板书或者授课 PPT，在主要笔记区域实时记录老师所讲的要点，并保证快速、简洁、有效、易辨识。

首先，要快速。因为课堂时间有限，老师可能会在短短几分钟内传达很多重要的信息。如果不快速记录下来，可能会错过后续的关键概念。

那么问题来了：上课时老师讲得太快，来不及记笔记怎么办？这时候书就派上用场了，课堂上认真听讲，将老师讲的重点、关键词在书上做好圈画。这些圈圈画画的知识点就是下课整理笔记时要记的重点。

如果书上有总结段落，或者图表能够解释前面的知识点，可以在课堂上先用星号，或者其他你喜欢用的符号做好标记。这样一来，课下整理笔记的时候就很清楚，哪些东西该写在笔记本上，哪些东西不用写在笔记本上。

其次，要简洁。 切记千万不要逐字逐句记录老师上课时讲的原话，更不要奢望把老师所说的每一句话都记下来，因为这根本不可能，而且花太多时间、精力抓老师说的每一个词，往往会忽略老师所讲的重点内容。逐字逐句记录只会让笔记变得杂乱无章，难以理解。相反，如果用简洁的语言，提炼出课堂的重点内容，会让我们的笔记更加一目了然。

再次，要有效。 我们的笔记内容必须要对学习有所帮助，不然记了也是白搭。所以，在学习过程中要特别留意捕捉那些关键的概念、公式、定义，以及老师特别强调的内容。

最后，要易辨识。 笔记做好了，有些同学却不愿意再打开。为什么会这样？因为记得太乱，或者字迹过于潦草，自己也看不清到底写了啥。打开笔记一看，密密麻麻、乌泱泱一大片，这哪里是笔记本？大老远看去，这不是二维码吗？

我们记笔记，不仅仅是为了将课堂内容记录下来，更多是为了后续的记忆、复习，如果字迹潦草，布局混乱，在需记忆、复习的时候，就不会想再看，甚至连掏出笔记学习的想法都没有。所以，笔记不需要多么美观，但一定要注意字迹工整、条理清晰。

　　分享一下我的主要笔记区域。我会先写好大小标题，并在小标题下加知识点，再将知识点分点概括。为什么要这么记？因为这样知识会有逻辑性，大知识点下面是小知识点，小知识点下面再记知识分点。不管是背诵还是复习，都一目了然。

小贴士

　　课堂笔记记好后还需随时补充。比如说做题的时候发现有个知识点，笔记上没有，这个时候要立马加上去，千万别怕破坏笔记所谓的整体美感。笔记的价值是辅助你学习，能够清晰、明了地传达信息才是最重要的，别把大量时间浪费在笔记记得好不好看上。

图文并茂：形象生动

　　实验表明，人类的大脑更喜欢图片等形象化的东西。因此，人们记忆符号、图片等形象化的东西会比记忆文字更牢固，所以我们在做笔记时，也要尽量多用图片、符号表述，最好做到图文并茂，将图片（图像）作为一个常用的辅助工具。当遇到一些复杂的概念或流程时，可以尝试用图片（图像）的方式来呈现。

比如，学习数学中几何部分的内容时，我们往往会选择数形结合的方式，来帮助我们理解相应的知识点。

学习生物学细胞结构这部分的内容时，我们可以画出细胞的结构图，并标注各个部分的名称和功能。如此一来，抽象的概念看起来会更加具体。

同样，在学习地理时，通过绘制地图，能帮助我们更好地掌握地理位置。除了图片，符号也是很有用的工具，尤其是在数学笔记中，我们可使用更多的符号来记录关键内容，通过这些符号，我们可以更准确地记录数学概念和运算步骤，让笔记更具有可读性。

记得初二地理会考前，我死活记不住我国各个主要山脉的位置，但这又是必考题，所以当时我很难受。但我同桌做这类题游刃有余，我向他请教后才发现他的学习方法其实很简单。

首先在A4纸上手绘中国地图，然后依次标出弧形山脉（喜马拉雅山脉）、东西走向、东北—西南走向、南北走向、西北—东南走向的山脉。这个简单手绘中国地图并标出各个山脉的方法不仅帮助我顺利通过了地理会考，更重要的是，它教会了我将抽象知识可视化这一学习方法。这个方法，在我后续的地理学习中也屡试不爽。

在做老师后，教授高等数学这门课时，我发现很多同学刚开始学习等价无穷小替换公式时，对广义化这一概念不是很理解。

于是有同学借助大家都喜欢的表情包，做成了形象化的笔记（如图 3-1）。这样一来，不仅理解了公式，后期记忆也变得容易起来。所以我们在整理知识点时，可将不易理解的知识换种方式表达，例如使用表情包、符号等来刺激大脑处于活跃状态，助力我们理解并记住知识点。

当 🐱 →0时

$\sin 🐱 \sim 🐱$　　　　　　　　$\tan 🐱 \sim 🐱$

$\ln(1+🐱) \sim 🐱$　　　　　　　$e^{🐱}-1 \sim 🐱$

$\arcsin 🐱 \sim 🐱$　　　　　　　$\arctan 🐱 \sim 🐱$

$\log_a(1+🐱) \sim \dfrac{🐱}{\ln a}$　　　　$a^{🐱}-1 \sim 🐱 \ln a$

$1-\cos 🐱 \sim \dfrac{1}{2}🐱^2$

$🐱 - \sin 🐱 \sim \dfrac{1}{6}🐱^3$　　　　$\tan 🐱 - 🐱 \sim \dfrac{1}{3}🐱^3$

$(1+🐱)^{\alpha}-1 \sim \alpha 🐱$　　　　$\arcsin 🐱 - 🐱 \sim -\dfrac{1}{6}🐱^3$

$🐱 - \arctan 🐱 \sim \dfrac{1}{3}🐱^3$　　　$\tan 🐱 - \sin 🐱 \sim \dfrac{1}{2}🐱^3$

图 3-1　等价无穷小替换形象化笔记

　　有很多同学记笔记的时候，喜欢刻意保持笔记的工整，甚至为了保证笔记的整齐，会拿尺子画参考线。这看起来貌似是个好习惯，但实际上大脑对这种平常、没有任何特色的东西，很难留下深刻的印象。

　　所以，我记笔记时候，秉持着不拘束的原则，不会刻意追求整整齐齐、一板一眼的笔记。笔记中需要做思维导图或者框架图时，不会追求很完美的直线，而是会随手勾勒出所需的框架。这些线条弯弯扭扭，有些甚至看上去有点小乱，但这些"自由的线条"，会更容易让我在复习时回忆起当时的思维脉络。

小贴士

　　做笔记的时候不刻意追求整齐，也是形象化笔记。有时候太过追求完美的整齐反而会束缚思维。当我们纠结于笔记的布局和格式时，容易失去对知识本身重要性的关注。我们要允许笔记在某种程度上显得有些"杂乱"，因为这正是个人思考痕迹的体现。

　　正如前面所说的不要刻意追求整齐一样，我们也不要刻意求乱。我们的"乱"更多是做笔记时候的随心而动，不被笔记上笔直的线或者整齐的网格所限制；但也不要彻底放飞自己，乱写乱画，要不然等到复习时，会发现自己记了一堆基本看不懂的"鬼画符"。笔记要在自由的基础上，适当保持秩序和结构，以确保所记录的内容在未来仍然足够清晰。

既然符号与图形可以强化记忆，那么为了方便后续的复习，我们在记笔记的时候，可以用标红或者描绘方框、圈圈、底线等方式标记重点内容。

标红可以用来标注自己印象深刻或者感兴趣的地方。

方框可以用来标注重要的定义、公式、关键概念等。

圈圈可以用来标记重要的例子或者需要特别注意的内容。这样复习时可以快速找到具体的案例或者注意事项。

底线则可以用来强调重要的句子，让它们在整个笔记中更加醒目。当然你可以按照自己的习惯进行标记。

小贴士

标记要适度，不要过度强调。大段标记往往会失去标注的意义，反而会让笔记变得混乱。重点标记的内容应该是真正重要的信息，而不是每个字都标记。同时，在使用标记的同时，也要保持笔记的整洁和清晰；不要标记过多，否则反而影响笔记的可读性。

为了让笔记更有条理，只是标记重点还远远不够，我们还需要加固主要笔记区域的框架，将各个知识点联系起来，形成一个有机的整体。

那么如何加固？我们可以通过画联系图，在每个知识点间都建立相应的联系，以此加固笔记框架。如果每个知识点都是平行地整理在笔记上，我们当然不愿意看了。但要是把它们都串在一起，就跟打游戏中设置的一个个关卡一样，充满了趣味和挑战，我们自然就越看越愿意看了。

画联系图的方法其实很简单。我们可以使用醒目的箭头来连接各个知识点；复习的时候也只需要追着箭头的指向，找到相应的知识点。

比如，有一个大知识点，里面包含几个中知识点，而每个中知识点又可以分解为几个小知识点。那么，你可以将这些知识点用箭头连接起来，形成一个层级结构的联系图。

当你复习时想要找到某个小知识点时，只需要往前找到对应的大知识点，再找到对应的中知识点，就能快速定位到目标。

小贴士

联系图不仅能帮助我们更好地理清知识脉络，还能提供视觉上的参考，帮助我们在复习的时候能轻松回顾知识的全貌。所以，以后做笔记时不妨尝试将知识点之间的联系画出来，让学习变得更有趣、更高效。

善用缩写，言简意赅

对大多数人来说，当文本长度过长时，人们的记忆效率就会下降。因此，记笔记要学会缩写。所谓缩写，就是在主要内容与核心思想不变的情况下，把篇幅较长的句子压缩提炼成短小精简的句子。简而言之，缩写就是用尽可能精简的语言来表述。

为什么要善用缩写？因为用更少的词表达同样信息的过程，除了能提高记笔记的效率，还能促使我们思考课堂所学内容；学习过程中的思考越多，理解和记忆的内容就越多。

所以，记笔记时我们要重点抓老师所讲内容的意思，而不是形式，要得其意而忘其形。比如：

"细胞分裂包括有丝分裂和无丝分裂两种方式"，可以将它缩写为"细胞分裂：有丝和无丝方式"。

"法国大革命发生在 18 世纪末，导致君主制崩溃"，可以改写为："法国大革命，18 世纪末，君主制崩溃。"

"热传导遵循热量从高温流向低温的规律"，可以写成"热传导，高温到低温"。

缩写其实不仅能在学习中使用，在日常生活中也非常有用。比如前文提到的学习计划制订，当你制订计划想表达"我早上九点半开始学习数学"时，不妨写成" 9：30 am，学数学"。

小贴士

不能为了缩写而缩写，以避免在重读笔记的时候因为用字太少而使笔记晦涩难懂。

那么如何在缩写时确保笔记仍然清晰易懂？可以参考以下两个原则：

一是保留核心内容。缩写时保留关键名词、重要细节等核心内容。首先，要确保简洁表述仍能传达同样的信息，不要只是一味删除无关的细节。其次，确保能理解其在上下文中的含义。如果有些缩写会引起歧义，最好在第一次出现的地方，使用注释的方式完整说明。

　　缩写时要做到详略得当，重点的部分详写，次要的部分略写，修饰、限制性的语句及过渡性的语句，不影响传达时可以直接删去，其他不重要的内容可以考虑合并。

　　二是保持原本的逻辑结构。不要因为缩写打乱内容间的逻辑结构，力求缩写后的内容与原文保持一致，尽量按原文顺序进行缩写。

　　清楚了如何缩写，下面一起来看看缩写的技巧。

　　第一，缩写时可以抓取数字和名词，将长句子化为关键字组合，比如前面所提到的"我早上九点半开始学习数学"，可以写成"9：30 am，学数学"，只要一眼就能看出所表述的内容是什么。

　　第二，使用简略符号，例如，&= 和，or= 或者，→表示导致，∴表示结论，★ = 重要事情，?= 未确定事项，※= 注意事项，等等。当然使用自创符号也可以，但自创符号时要注意符号一定要好写且不占空间，最好看一眼便明白其含义。

　　第三，使用中英文缩写，比如，"例如"可用"e.g."表示，用"info"表示信息，用"pic"表示图片，"独立战争"可以简化为"独战"。以上这些常见的缩写能快速传达信息，让笔记更加简洁。

罗列要点，适当留白

不少人记笔记习惯将所有内容一股脑都写上去，这样记的时候是省事了，但这种记法使要点内容和次要细节混在一起，往往会导致信息混乱。如果记录的内容过于冗长和复杂，还可能会导致回顾时难以理清各个概念之间的关系，不利于后续的复习。这就是为什么记笔记时罗列要点和适当留白非常重要的原因。

罗列要点，是指将所学知识以清晰、简洁的方式呈现出来，突出重点的同时适当忽略次要的、过于细节的内容。通过罗列要点，核心信息和关键要点得以清晰地表达出来，能有效避免其混淆在次要细节中，有助于在后续复习时快速定位到所需信息。

罗列要点之所以重要，不仅因为它能帮助我们高效地记笔记，还因为筛选要点的过程也会促使我们深入思考所学内容。当然，有些人还是会坚持将笔记写得与原文完全一致，甚至不允许任何改变。

这种坚持其实还是过于局限所学内容的表面，无法达到对知识深层理解和应用所致。要知道我们学习的最终目标在于内化知识，并使之成为我们思维的一部分，而不只是简单地复制。

假设你正在学习历史中第二次世界大战这部分的内容。教材中详细介绍了各大战役、涉及国家间的关系、战争的结果等。

如果你坚持将书上的描述原封不动地记在笔记本中，那你的笔记不仅冗长，还不一定能帮你理解、记忆这些事件。相反，如果你深入理解内容，并提炼出其中的要点，例如主要战役、参与国家、战争影响等，你的笔记将更加紧凑，更有助于直击学习要点。

然而，罗列要点也不是简简单单地抄上去就好了，而是要在这个过程中通过深入思考来理解、把握关键内容。例如，你可以在这个过程中问自己，这些事件为什么会发生，它们产生了什么影响，以及如何将这些历史事件与其他事件联系起来。

理科学习也一样。以数学为例，数学一科的公式较多，如果只是一味死记硬背，不仅会很吃力，使用时也会不灵活；但如果将这些公式列出来，并注明每个公式中关键变量的含义，这个做法将会帮你更好地理解它们，避免简单地机械记忆。

以三角函数为例，学到"$\sin(\theta) = $ 对边 / 斜边" "$\cos(\theta) = $ 邻边 / 斜边"这两个公式时，可以将公式列出来，并标明每个符号的含义，如"θ 表示角度，对边表示与角度 θ 相对的边长，邻边表示与角度 θ 相邻接的直角边的边长，斜边表示斜边的边长"。

除此以外，我们还可以结合前文所讲的图示方法，用如图 3-2 所示的方式，数形结合，使得抽象的公式更加直观。这样一来，每个公式所代表的含义清晰明了，方便理解记忆。

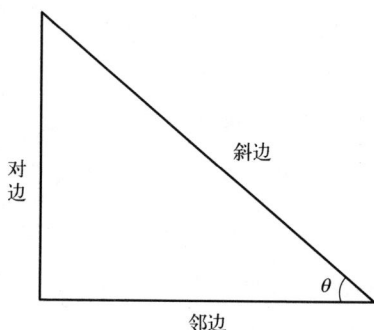

对
边

斜边

θ

邻边

图 3-2　直角三角形

由此可见，罗列要点的核心在于筛选、提取主要内容。那么如何选择要点？

首先，确定内容的重要性和关联性。除了找到那些能准确传达主要概念、核心观点的内容外，还需要考虑内容之间的关系。前后关联的内容往往对理解整体思想，建立全局观有至关重要的作用，在回顾、复习时，帮我们将前后内容更好地串起来。

其次，优先选择具体内容。为了保证内容的连贯性，书中往往有较多泛泛的陈述，这些陈述对我们理解内容本身没什么帮助。所以，我们可以优先选择那些较为具体的信息，比如数学书中的公式、例题等，这些较为具体的内容可以帮助我们更好地理解、应用抽象概念。

最后，考虑内容的难易程度。学习中，我们更青睐自己擅长的、易于理解的，甚至已经熟悉的知识，总是不经意间忽视对自己来说有难度的知识，但往往这些有难度的知识才是自我提升的关键。

所以，对于课堂上已经消化理解的内容可以适当少记，而将记录的重点放在对你来说相对较难理解的地方、容易出错的地方、有独到见解的地方。

小贴士

适当留白要求我们罗列要点时，内容不要过于拥挤。这为后续复习创造了思考空间。复习的过程，是再次消化吸收知识的过程，在这个过程中往往会对所学知识产生新的思考与理解。如果笔记一开始就记得满满当当，不仅影响笔记的可读性，还会让复习过程变得烦琐、混乱。

我们还可以在其他场景使用留白。比如你上课注意力分散，没跟上老师进度，可在笔记中留出空白区域，课下再补充；比如，可在解题时留白，为以后发现的不同解法留出书写空间。

罗列要点和留白是相辅相成的。罗列要点时的合理留白可以帮助我们更好地补充细节；而留白的位置，也可以用来罗列补充的要点。

比如，你正在阅读一篇关于环保的文章，文章中提到了"全球变暖""节能减排""可再生能源"等关键词。你可以将这些关键词罗列出来，并在它们的旁边留出一些空白，以备后续补充细节或者其他新提炼的要点。

这样一来，再次回顾时不仅可以快速把握知识主线和关键要点，还可以根据留白位置补充的内容回忆起当时的思考细节，实现对所学内容全方位地理解。

二、简化凝练：化繁为简

5R 笔记法的第二个 R 是 reduce，即精简。

通过第一个 R，我们了解了康奈尔学习法中记笔记的主要笔记区域部分。第二个 R 则需要我们课后提炼主要笔记区域核心知识点对应的关键词或者就主要笔记区域的内容提出问题。这是康奈尔学习法从课上延伸到课下的第一步，也是康奈尔笔记法的精妙之处。

传统笔记记完就完事了，缺少课后再次认真思考的过程，因此，学过的知识很容易忘，而康奈尔学习法中的记笔记方式通过课后精简的过程，为学习者提供了一次再思考的机会，从而有助于我们加深对知识的理解和记忆。

刚上完课，我们对老师所讲内容的印象比较深刻，这个时候便是进行第二个 R 的好时机。有些同学习惯在课间休息时完成这一步骤，但我的建议是，最好选择在晚自习时集中梳理白天所学所有课程的笔记。因为课间休息时间一般只有 10 分钟，我们很难在这 10 分钟的时间里进行深入思考，保质保量地完成精简这个步骤。

前文说了我们要培养对学习的兴趣，而不是将学习视作要完成的任务。再者，学习也要劳逸结合，上完课大脑往往处于较疲惫的状态，需要一定的时间来恢复，这个时候如果还不赶紧休息，势必会影响下节课的学习效果。而晚自习时间通常较长，可以投入更多精力，集中精力思考、整理学习内容。

那么具体如何做？可以参考以下步骤。

首先，**通读主要笔记区域。**打开笔记，通过主要笔记区域回顾老师所讲内容，这一步需要结合教材、参考书等资料补充课堂上的留白部分，并检查笔记是否有遗漏、模糊甚至出错的地方，补充、修改笔记内容，以保证笔记内容的完整性。

其次，**精简主要笔记区域的内容。**这一步要将主要笔记区域中老师上课多次强调的重点、高频考点对应的知识点做进一步提炼，以关键词、关键短句或者问题的形式呈现在左侧的关键词或问题区域。

最后，**检查、优化关键词/问题区域的精简内容。**检查提炼的关键词或者问题是否有遗漏、重复、多余，确保不同的知识点或概念在关键词/问题区域没有被重复呈现。如果发现关键词/问题区域不再需要某些内容，可删除或直接将其合并。

小贴士

关键词/问题区域中精简而有效的笔记提纲，能在后续的步骤中带我们快速回想起课堂的主要内容，所以提炼关键词这一步很重要。

提炼关键词：抓大放小

有些人恨不得将主要笔记区域记录的每句话都摘出好几个词，放在关键词/问题区域；有些人则惜字如金，主要笔记区域记录了一大堆，关键词/问题区域只有零星几个词。这两种做法都不恰当。

我们之所以提取关键词，是为了后续的背诵；背诵的时候，我们需要盖住右侧主要笔记区域，通过左侧的关键词回忆主要笔记区域的内容。

如果关键词过多，你要回顾的内容基本都展示在你眼前，这就失去了背诵的意义。关键词过少，提示信息不足，又难以将笔记栏内容串起来。所以，要适当提取关键词。

那么具体怎么做呢？

第一步，识别主要思想。提取关键词前，一定要通读主要笔记区域。在这个过程里不用深究知识的细节，只要确保对内容有较为整体的把握，确定出主要笔记区域记录笔记的主要思想、核心概念和观点即可，这些是我们后续提取关键词时的重要方向。

以生物学细胞分裂部分为例，你在主要笔记区域记下如下内容：

细胞分裂是生物学中的一个关键过程，它使一个细胞分裂成两个新细胞。

细胞分裂在生物体的生长、修复和繁殖中起着重要作用。

细胞分裂有两种类型：有丝分裂和无丝分裂。有丝分裂包括前期、中期和后期，每个阶段都有特定的变化发生。无丝分裂是最早被发现的一种细胞分裂方式，它没有丝状结构的参与。

识别主要思想：

细胞分裂能产生两个新的细胞。

细胞分裂对生物体有重要作用。

细胞分裂包含有丝分裂和无丝分裂两种类型。

通过识别主要思想，我们可以更明确地了解细胞分裂的核心概念。这将使我们后续提取关键词时更有针对性和聚焦性。

第二步，抓大。 这里的大指的是能为你背诵提供线索的词，比如一句话中比较关键的名词、重要的修饰词、逻辑连接词和过渡词等。

名词和主要名词短语：识别主要名词，特别是涉及主题核心概念的名词，这些通常是关键信息的主要来源。

重要的修饰词：重点关注主要概念前特别的修饰词。比如表示程度、强调或重要性的副词和形容词。

例如下面这句话："研究人员试图合成一种药物，却偶然发现了一种全新的材料。"这里"材料"前面的修饰词"全新的"值得我们关注，它突出了"材料"的特殊性质，强调了发现的重要性。在提取关键词时，可以将其带上。这样可以帮助我们更好地回忆主要笔记区域的内容。

逻辑连接词和过渡词：段落或句子中使用的逻辑连接词，往往能帮助我们理解上下文之间的关系，帮我们更好地梳理各个关键词之间的联系。尤其是因果关系词、转折关系词、表示先后顺序的词。提取关键词时，要重点关注这些词附近的内容。

我们小学都学过分数这个知识点。假如我们上课听讲过程中记下如下主要笔记：

分数可以表示部分或份额的数值。

分数由分子和分母组成，分子表示部分的数量，分母表示整体被分成的等份。

因此，分子除以分母可以得到分数的值。

然而，分数也可以转化为小数或百分数形式。

在这个例子中，逻辑连接词"因此"之后给出结论，说明了分数的值，提炼关键词时，需要重点关注。过渡词"然而"则引出了分数的另一种形式，提炼关键词时，也要重点关注。

使用上述步骤，我们提炼出以下关键词：分数的定义，分数的数值，分数的百分数形式。

第三步，放小。 这里的"小"指的是一些细节，比如补充说明的例子、重复强调的内容等。在这个过程里，不要试图将所有细节都囊括其中，确保能概括主要思想即可。

小贴士

必要时可以使用短语。有时候短语能比单个的词更好地传达信息，但也要注意不要使用过多。

精准提问：直击核心

除了提炼关键词，我们也可以在关键词/问题区域使用问题和提示的形式。问题或提示不仅可以概括主要笔记区域的关键信息，还可以在背诵和复习时激发我们对笔记内容的思考，帮助我们快速回想起相关的知识点。

提炼关键词时，我们要注意抓大放小，捕捉主要内容，这一原则对精准提问同样适用。因此，提问时不要过多关注细节，而应专注于主要信息。与提炼关键词不同的是，我们要将主要笔记区域中的主要概念和关键观点转化为问题的形式。

比如针对主要笔记区域内容：水的三态是液态、固态和气态。水在不同温度和压力下会发生相变。

我们可以在关键词/问题区域记下如下问题：水的三态是什么？

以生物学为例，假设我们学习了细胞的基本结构，主要笔记区域内容如下：

细胞是生物体的基本结构和功能单位。细胞膜是细胞的边界，负责物质的进出。细胞核包含遗传信息，控制细胞的活动。

在关键词/问题区域中，我们可以提出以下问题：

细胞的主要功能是什么？细胞膜、细胞核的作用是什么？

以上问题不仅有助于我们复习时快速"召回"知识，还能促使我们深入思考细胞的结构和功能。

精准提问通过将主要笔记区域中的关键信息转化为问题和提示，帮助我们更加深入地理解和记忆知识点。通过这种形式，在我们复习回顾时，看到问题或提示，就会自然而然开始思考、回忆主要笔记区域的内容。

小贴士

提问不仅有助于后续的记忆，还有助于培养我们的质疑精神和思考能力。

三、科学背诵：带你告别死记硬背

5R 笔记法的第三个 R 是 recite，即背诵、记忆。

通过第二个 R，我们完成了康奈尔学习法中笔记记录中关键词或问题区域的笔记，接下来我们要思考的就是如何高效地背诵这些内容。这一步是对课堂所学内容的进一步复盘和巩固，也是康奈尔学习法从课上延伸到课下的第二步。

为什么要背诵？前面也多次讲到了，因为我们学习有个最大的敌人就是遗忘，遗忘总是让我们有种白学了的挫败感。但是不必沮丧，因为我们可以利用背诵这个强有力的武器来对抗遗忘这个敌人。

相信不少人在还没上学的时候，就有了背诵的经历。上学后就更不用说了，学语文要背古诗词、名言名句，甚至某些经典的文章还需要全文背诵；学数学虽然背的东西没那么多，但起码要将公式记住；学英语就更别说了，背单词、背搭配、背常见表达。学习其他科目也是一样的，背诵这一环节必不可少。

不少同学惯用的背诵方法是将一句话乃至一大段话翻来覆去大声朗读多遍。通过大量机械记忆确实能记住所学内容，我们小时候还不认字时，家长便教我们背唐诗、三字经、九九乘法表。小孩子记忆力好，重复次数多了，也就记住了。

但这种未经理解的知识，会很容易遗忘。这也就是我们常说的"背得快，忘得也快"，而且更要命的一点是，考前辛辛苦苦通过反复机械背诵记住的东西，考完试一下子就都忘了，等下次再要用时，根本想不起来。所以背诵千万不要只是死记硬背，而要对所学的知识进行深度理解。

比如记数学公式时，一定要理解该公式涉及的概念、原理，每个符号代表的具体含义。一定要搞清楚这个公式为什么长这样，它与其他所学的知识之间是否还存在着联系，最好能在学习的过程中，就将新学的知识和已经掌握的知识建立起联系，将它们做类比、对比或者延伸，加工成自己的知识体系，以便更好地理解、记忆所学新知识。

那么如何才能更有效地背书？

（1）理解先行。背诵的目的是记忆，但记忆可不仅仅是简单的机械背诵，它还涉及对所记忆内容的组织、整理和理解。如果只是单纯的机械记忆，过不了几天便会出现顺序错乱、概念混淆甚至内容错误等情况。

因此，千万不要死记硬背，也不要追求逐字逐句的原文背诵。要用自己的话，表达出所背诵内容的主要观点和关键信息，确保理解且真正掌握了知识。记住，一定要深入理解，不是机械背诵。

（2）**重复多次背诵**。德国心理学家艾宾浩斯在 19 世纪末首次提出学习间隔效应，他通过一系列记忆测试发现，学习过程中采用间隔的方式重复学习相同的内容、定期背诵，可以更好地记住学习内容。所以，不要试图一次背完所有知识，可将其分为多个阶段，反复多次，以获得长期记忆效果。

（3）**定期测试**。华盛顿大学路易斯分校心理系教授亨利·罗迪格三世（Henry L. Roediger Ⅲ）研究发现，学生通过自我测试，可以更好地记忆和理解学习内容，提高学习成绩。他提出，每次测试都是记忆和回顾的机会，能帮助学生发现学习中的不足；同时，测试促使学生多次背诵，有助于长期记忆的形成。定期测试在帮学生长久记住知识的同时，还能增强学生对考试的自信心。

小贴士

最好选择一个较为安静、没有太多干扰的环境背书，要将注意力集中在背诵任务上。

背书是一种有效的主动学习方式。当我们面对不同的学科和知识类型时，要根据其特点，选择不同的背书策略。
具体如何背诵，可以参考以下三种方法。

关键词背书法

关键词背书法是一个非常有用的背诵方法。康奈尔学
习法中对笔记的第二步要求是让我们将主要笔记区域提炼
的关键词或问题记录在笔记的左栏。这让我们在第三步时
可以充分利用第二步的关键词或问题作为背诵过程中的重
要提示。具体可以参考以下步骤：

第一步，复述笔记主要内容。准备一张白纸，用它盖
住右侧的主要笔记区域。注意只需要盖住右侧的主要笔记
区域即可，左侧的关键词 / 问题区域要正常展示出来。然
后，看着左侧栏中提炼的关键词或问题，结合自己对课堂
内容的理解，试着用自己的话大声将右侧主要笔记区域的
内容复述出来。

注意，在前期对所学内容还不熟悉时，一定要大声记
背。很多同学喜欢在脑海中默背，默背在你对所学内容记
得差不多，需要加深记忆时，是一种比较省时省力的方式，
在记忆初期并不合适。

在你对背诵内容尚不熟悉时，大声背诵能充分刺激你
的听觉，多感官参与可以加强记忆。此外，大声背诵的过

程也是口语表达的过程，在这个过程中，你需要思考如何组织语言，这需要更加集中注意力，可有效防止分心。

当然，你也可以在出声背诵的同时，将背诵的主要内容写下来。这样除了用到口、耳，还用到了手。三个器官并用，使大脑更全面地参与到了学习的过程，所背内容也会记得更加牢固。

我在大学学习时，喜欢使用这一方法，尤其是考试周，基本所有科目的考试都集中在一起，背诵的压力大，而边读边写边听的方式，可使背诵效率最大化，帮我省了不少时间。

第二步，移开白纸，进行对照。确认刚才背诵的内容是否有遗漏或错误，关注自己刚刚出错的地方，以及虽然正确复述但模棱两可的地方。

在阅读并理解几遍后，再次盖住主要笔记区域，尝试用自己的话复述笔记内容。重复上述过程，直到复述的内容与主要笔记区域高度契合。接下来，一定要趁热打铁，多重复几次，直到主要笔记区域的内容在你脑海中形成准确、清晰的记忆。

第三步，自我测试。自我测试是确保所学内容是否真正掌握的关键步骤之一。不少人认为完成上面两步就万事大吉了，忘记了背书的最终目的。千万不要为了背书而背书，我们之所以背书是为了记住、理解并且学会使用所学的知识。因此，所学知识在脑海中形成较为清晰的记忆后，一定要进行自测。

很多人一听到测试就开始紧张，但这个过程其实很简单，完成日常课堂作业其实就是在测试学习效果。自测完成后，对掌握得还不扎实的地方，一定要结合笔记重复前面几步再次理解、记忆。对出现错误的地方则需要分析原因，并进行针对性的纠正。

以上过程不仅能增加我们对知识的理解程度，起到强化记忆的作用，还能减轻我们在测试中的紧张感，而且在自测中发现自己在不断进步，会产生"我原来可以做得这么好"的成就感，减少对学习的抵触。

框架背书法

关键词背书法更适合在平时学习中使用，但很多同学平时学习不积极，习惯考前临时抱佛脚。在这种情况下，时间紧、任务重，如果再用关键词背书法，就有点不合适了。

想象一下，半个月后就要考试了，你还是一问三不知。只好坐在课桌前，掏出课本或者曾经记的笔记，而这些学习材料不是两三页，而是厚厚一大本，你是不是很绝望？这个时候你可能会悔不当初，质问自己为什么平时不好好学习。但现在后悔也没有用，你只能硬着头皮开始复习。

在这种情况下，框架背书法无疑是一种比较合适的背书方法。框架背书法通过将所背内容的要点放入结构化的框架，来帮助我们记住并学会应用。其核心是抓住知识的主要结构和关键，不深入细节，适合考前需要在短时间内掌握大量知识的情况下使用。

关于如何使用框架背书法，可以参考以下步骤：

第一步，确定结构和大纲。首先快速浏览你要背诵的内容，以便熟悉所背诵内容的结构和主要章节。这一步不需要深入阅读章节内的具体内容，只需获取一个整体印象。在浏览的过程中，要特别注意章节标题和子标题，这些标题往往是各部分主题和内容的线索。

接着，总结每部分内容的主要观点。在浏览的过程中要特别留意各部分内容的重点，尝试提炼出所背内容的重点概念。提炼主要观点时要做到简明扼要，避免记录所有细节，重点关注核心内容即可。

最后，创建大纲。根据提炼的主要观点，创建一个简单的大纲。可以使用编号，比如数字或者字母，来表示各个部分之间的层次关系。也可以使用花括号将各个层级的主要观点组织起来，并用符号标记，比如使用五角星或者星号等标出背书过程中需要重点记忆的关键点。

第二步，理解内容并背诵。首先，结合文本内容顺一遍框架，这个过程不仅是对知识结构二次理解的过程，也是对框架查缺补漏的过程。接下来，以章为单位，出声背诵 3 遍左右，尝试将整章的框架及要点内容背出来，直到清晰复述出每个知识点。如果一下子背一整章内容有点困难，可以结合自身情况，将一章内容分成 2 ~ 3 部分进行背诵。

第三步，自我测试。这一步骤与关键词背书法一致，此处不再赘述。

框架背书法遵循把书读薄的原则，其优势在于可以在短时间内快速掌握知识，非常适合学习者快速了解大纲和主要观点，可在考前突击复习或需要快速记住大量要点内容时发挥作用。

小贴士

对需要深入理解并应用细节的知识，框架法就不适用了。在平时的学习中，框架背书法可以作为其他背书方法的补充。

首字提字背书法

首字提字背书法是学习中常用的背诵技巧，其核心是提取每句话的首字或首个关键词，然后将它们组合成一个易于记忆的短语或句子，帮助记忆整段话。适用于背诵包含大量条目的内容，或者每句话之间逻辑性不强的文本。

像文科科目中经常考的简答题，答案往往是一条条的要点，虽然内容容易记住，但每句话之间缺少逻辑关联，而且有些题干的提问方式比较相似，背的题目多了，很容易出现记忆混乱的情况，这时可以选择首字提字背书法来辅助记忆。

我考教师资格证背科目二《教育教学知识与能力》的内容时，就多次使用了这一技巧。比如，"儿童权利公约"的四项基本原则包含：无歧视原则；尊重儿童尊严原则；尊重儿童观点与意见原则；儿童利益最佳原则。

我背诵的时候提炼了每句话中的首个关键词，并将其归纳成一个易于记忆的句子，即"两个尊重无利益"，这个口诀帮我在考场上迅速回忆起这些重要原则，避免了大量机械记忆。

那么该如何使用这一方法？以下是使用首字提字背书

法的基本步骤：

第一步，提取首字或首个关键词。首先，认真阅读并
理解要背诵的内容。确保你完全理解了文章或文本的主要
思想和结构。接着，提取每一句话中的首字或者首个关键
词。关键词应尽量选择那些能帮你快速回想起整个句子的
词汇，这些词不一定出现在句子的开头，也可能出现在句
子的末尾。

第二步，形成短语或者句子。将每句话的首字或首个
关键词组合成一个容易记忆的短语或者句子。这个短语或句
子最好具有一定的逻辑性，以便能帮你快速回想起每句话。

第三步，背诵并记忆。首先记住上一步骤中提炼的短
语或句子，然后通过使用这些短语或者句子，尽量详细地
回想整句话。接着，比对原文，检查你记忆的内容是否有
遗漏或错误。最后，重复上述过程，直到能自如地背出你
所要背的内容。

四、勤于思考：打破思维定式

5R 笔记法的第四个 R 是 reflect，即思考、反思。

通过第三个 R，我们完成了对笔记的高效背诵。接下

来到了思考、反思这一步。这一步我们将深入思考所学的内容，并将其与已有的知识联系起来，整合到已有的知识体系中。反思是为了更好地理解并吸收所学内容，也是康奈尔学习法从课上延伸到课下的第三步。

大多数人在学习中是缺少这一环节的。他们想着我该记的内容记住了，题目也写了，此时笔记也该退场了。思考在学习的过程中起着非常重要的作用。经过思考，我们得以找到新知识与已有知识的联系，进而将其变成自己知识储备的一部分。而且，经过思考，可以形成自己独特的观点和理解，有助于培养批判性思维和独立思考的能力。

具体做法是，可以重新回溯笔记，对笔记内容有了全局把控后，尝试思考以下问题：

新学知识与已有的知识有什么联系？ 尝试将新学的知识与已经掌握的概念、理论或结论联系起来，建立知识间的深度链接。学习新知识最简单的方法就是与已经掌握的知识进行类比，形成连贯的知识体系。

比如，你新学了 delicious 这个单词，其意思是美味的。这时候你可以思考是否学过其他与 delicious 相关的单词，如 tasty（可口的）。这两个单词都用于描述食物的味道，delicious 常常用来形容美味的食物令人愉悦，而 tasty 则更加中性，表示食物味道虽好但不一定令人陶醉其中。

但这两个词在很多情况下可以互换使用，不会引起误解。比如描述朋友做的牛肉面很可口，你可以这么表达：The beef noodles you made are absolutely delicious，也可以表达为：The beef noodles you made are absolutely tasty。

是否有疑问或不明白的地方？ 通过第三步背诵，你会发现有一些东西记得特别牢，但还有一些东西可能记得不是那么牢，理解也不到位，在思考如何将新知识与已有知识进行联系时，我们可以解决这一问题。

你可以在笔记底部的总结区域记录相应的学习心得，比如哪里掌握得好，哪里还有问题需要巩固。学习中遇到的困难或疑惑，也可以记录在该区域。

如何应用知识？ 思考做题时如何使用已学知识，比如数学公式的使用条件，英语单词的常用固定搭配等。对实用性强的学科，可以思考如何将所学知识应用到实际生活，将理论知识转化为实际技能。

小贴士

思考是巩固深化学习结果的关键步骤。除了反思所学内容，还可以反思学习过程。思考在学习中采用了哪些方法，哪些方法比较有效，哪些方法不太适合。

很多人不擅长思考，下面介绍两种学习中常用的思考方法。

举一反三思考法

举一反三思考法是一种学习中常用的思考方法，其核心是在已知情境或问题中归纳出普遍原理和适用规律，然后将这些原理和规律应用到其他情境或问题中，以便更深入地理解和解决问题。举一反三思考法可以帮助我们将不同的概念联系起来，从而更轻松地理解和记忆知识。

相信不少同学在学习中遇到过下面的情形，那就是能听懂老师讲课，也能看懂试卷答案，但自己做题的时候就是不行，大脑会一阵阵发蒙。尤其在遇到综合性比较强的题目时，这些题目往往考查好几个知识点，尽管单一的知识点都懂，但出现在同一道题中就不知道如何将其联系起来应用到题目中了。

之所以出现这种情况，通常是因为在学习的过程中缺少深度思考。虽然课上做了笔记，课下也花时间背诵了笔记的内容，但这种机械性的工作是最没意义的。

因此，为了真正掌握知识，思考是不可或缺的一步，具体我们可以借助举一反三思考法。以下是其步骤：

第一步，学会提问题。学习新内容时，提问是激发思考的关键。它促使我们主动思考如何理解并应用所学知识。所以，学习新内容时，要主动提出问题，这里的问题可以针对核心概念、关键观点或实际应用方面。

假设你正在学习一个新的英语单词：vivid（生动的）。除了简单地记住它的中文意思，你可以提出问题：这个词有哪些近义词和反义词？在什么情境下可以用到这个词？通过提出问题，你不仅能更全面地理解这个词，还能为以后的使用做好准备。

再比如，你正在学习一元二次方程的求解。你可以通过提出以下问题来帮助你更好地理这一知识点：什么是一元二次方程？其一般形式是什么？如何使用配方法、公式法或因式分解法来解一元二次方程？一元二次方程有多少个解？在什么情况下可能没有实数解？如何将一元二次方程应用到实际情境中，例如抛物线运动？上述问题可以促使你更深入地了解一元二次方程的概念和解题方法。

第二步，尝试归纳总结。在学习过程中，通过归纳和总结，我们可以将庞杂的信息转化为简洁清晰且逻辑分明的知识体系。这种总结有助于整理主要观点，并形成易于记忆和理解的结构。以数学学习为例，假如你刚刚学完了一系列关于三角函数的知识。你可以将不同三角函数的性质、公式以及它们之间的关系进行整理，形成一个简明的表格。这样，就能在使用时快速回忆起相应的内容。

第三步，在做题的过程中思考。做练习题的过程中，不要只是机械地应用已学知识，比如做数学题不要只是套公式或者套方法，而要思考题目问题的本质，思考这道题考查的知识点是什么，为什么要用这个公式或者这个方法，思考如何将这些公式或知识点与其他知识点联系起来，琢磨明白这些公式或方法还能用在什么题里，在哪里会被考到。

此外，做题时可以尝试一题多解，在这个过程中也可以找小伙伴一起讨论，因为不同的思维方式往往会形成不同的解题思路，不同的解题思路能有效激发对问题的思考。

一晚上机械地做几十道题，真不如举一反三认真思考做十道题。举一反三的过程，也是深度思考的过程。这个过程能帮助你真正吃透题目背后的核心考点，并在实践中灵活运用这些知识点。

虽然刚开始练习举一反三的思考会有点痛苦，因为它要求我们深入思考的同时还要建立知识间的联系，这些需要时间和耐心。但是，随着思考次数的增多，你会发现你的思维越来越灵活，举一反三这件事也越做越容易。所以，一开始困难不要紧，一定要坚持下去，坚持下去将会给我们带来巨大回报。

小贴士

在举一反三的过程中，不要让思考只是停留在表面，也不要在思考到模棱两可的时候停下来，一定要思考到形成自己的见解为止。

知识树思考法

知识树思考法通过将知识构建成像树一样的结构，帮助我们建立更深刻、更有层次的学习体系，进而促使我们更好地思考、组织并理解知识。像历史、地理这些文科学科，所包含的知识通常比较广泛，而且不同章节间知识的关联性也不如理科那么紧密。对这类学科，运用知识树思考法可以帮助我们更清晰地进行思考，进而理清知识结构。知识树思考法是一种极具效益的学习方法。

那么如何在学习中使用知识树思考法呢？可以参考以下步骤：

第一步，确定根节点。 选择你正在学习的章节或者知识点作为知识树的根节点，比如某个历史时期或者某个地理区域。

第二步，确定与根节点相关的核心概念及其子概念。 这些核心概念通常是该主题中比较重要的内容。

例如，在历史中，核心概念可能包括历史事件、历史人物、历史时期等；在地理中，核心概念可能包括所在地区、地理特征、地理现象等。接着，为每个核心概念创建子概念，子概念是核心概念下一级更具体的知识点。例如，如果核心概念是"美国独立战争"，则其子概念可以是此次战争中发生的关键事件、参与战争的主要人物以及战争的结果等。

第三步，确定核心概念和子概念之间的关系。思考核心概念与子概念间的关系，以及它们是如何构成整体知识体系，以理清主题内部的逻辑。具体可以使用箭头、线条或其他图形工具将有关联的概念相互连接，以显示它们之间的关联性。这些关联关系可以是相似性、因果关系、时间顺序等。

第四步，填充知识树。参考笔记、教科书、辅导材料等为每个概念填充详细的内容和信息。这些内容可以是文字说明、关联例子、引用资料等。填充的过程要确保知识树结构清晰有序，使每个概念和信息都能够被正确归类。

第五步，持续扩展和更新。随着学习的深入，你可以不断扩展和更新知识树。比如添加新的核心概念和子概念，并确定它们之间的关系。

使用知识树思考法不仅能将复杂的知识整理成逻辑清晰的结构，还能有效建立起知识间的深度联系，形成更有深度的学习体系。

五、定期复习：温故而知新

5R 笔记法的第 5 个 R 是 review，即复习。

通过第四个 R，我们对所学知识进行了思考和反思。反思结束意味着我们对知识的学习可以暂时告一段落了。但记忆是有遗忘曲线的，我们还是要定期复习，以保证知识牢固地储存在我们的记忆中。

所谓"温故而知新"，复习不仅是对旧知识的温习，更是获取新学习感悟的机会。具体来说，复习不仅有助于巩固已学知识，使其变得更加牢固，同时也能帮助我们发现前期学习中未注意到的细节或关系，从而提高知识的熟练程度，加深对知识的理解。

具体如何开展复习这一过程？我们可以参考以下步骤：

首先，制订复习计划。定期、分散式的复习有助于长期记忆，因此，复习计划要遵循分散复习的原则，千万不要等到考试前才开始复习。

我们可以在完成第四个 R 后，就开始着手计划复习。比如，选择在听课后的一到两周内，根据对知识的掌握情况，安排适合自己的复习频率，如果你觉得自己对知识掌握得差不多，可以安排一周三次、每次 15 分钟左右。如果你觉得自己掌握得不够好，则可以将复习频次增加。

小贴士

即使你对知识掌握得很好，也不要不复习，适当减少复习时间即可。

接着，进行全方位的复习回顾。这一步最好使用笔记来回顾课堂中的知识点。首先通过笔记左侧栏中的关键词或者问题，回忆笔记内容，接着再结合主要笔记区域，仔细回顾笔记中全部的知识点和对应的细节。

当然，不同学科和知识领域的复习方法也不尽相同，我们可以根据具体情况选择合适的复习策略，除了回顾笔记内容，还可以结合做练习、参加讨论、制作记忆卡片等方法来巩固加深对知识的理解和记忆。

对抗遗忘：不断重复

在日常学习的过程中，我们很容易在不经意间就忘掉学到的知识。尤其是考试前，为了取得好成绩拼命学习了一晚，隔天却发现忘掉了大部分，让人沮丧不已。为什么我们会如此快地忘掉刚学过没多久的知识？德国心理学家赫尔曼·艾宾浩斯提出的遗忘曲线能帮我们解答这个问题。

19 世纪末，艾宾浩斯进行了一项重要的研究，他发现遗忘是在学习之后立即开始的，在学习后的最初几个小时，遗忘速度最快，但随着时间的推移，逐渐减慢。他将相关数据绘制成曲线，称为艾宾浩斯遗忘曲线（如图 3-3 所示）。

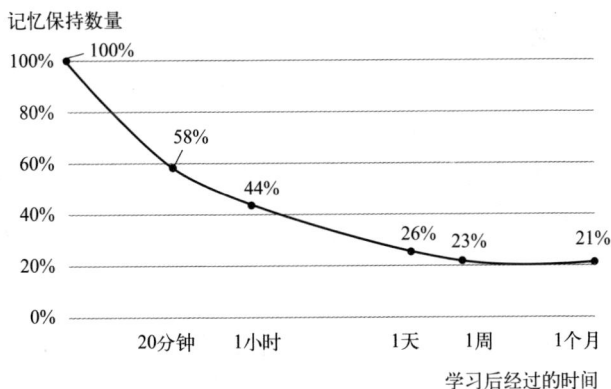

图 3-3　艾宾浩斯遗忘曲线

根据艾宾浩斯遗忘曲线，我们可知在学习后的最初20分钟里，我们会忘记大约42%的内容。这段时间被称为遗忘曲线的初始下降阶段。这个阶段，记忆会像泄洪一样快速消失。

而在学完后的一小时，我们将忘记大约56%的内容。这一数据进一步表明在学习后的短时间里，记忆消失是相当迅速的。

更令人惊讶的是，学完后一天的遗忘率竟可高达74%，这意味着如果我们不采取措施进行巩固，大部分信息将在学习后的24小时内从我们的记忆中消失。

为什么会发生这种现象？

这就不得不谈到人的记忆系统，人的记忆系统比想象中更为复杂，根据信息输入经过的时间间隔和编码方式，可将其分为3类，即瞬时记忆（也叫感觉记忆）、短时记忆和长时记忆。

瞬时记忆指那些非常短暂的记忆存储，通常在1秒以内。它包括来自感官系统的信息，如视觉、听觉、触觉等。这些信息经过感官处理后，会暂时保留在大脑中，但如果不经过特别的留意和处理，会很快消失，甚至可以说是转瞬即逝。

瞬时记忆允许我们在短时间内处理来自各种感官的

信息，这些信息在日常生活中扮演着非常重要的角色。但要将这些信息转化为更持久的记忆，通常需要经过加工、存储等过程。

在上课听讲的过程中，看到文字、图片或是听到声音，你的大脑会在极短的时间内暂时存储这些感官信息。但是瞬时记忆的容量和持续时间非常有限，如果不主动记住这些信息，它们会很快从记忆中消失，所以下课多次复习对记住知识至关重要。

短时记忆指信息存储时间在 10 ～ 20 秒的记忆。那些处理后的信息如果未进行复述，则会形成短时记忆。短时记忆是信息处理过程中的一个关键环节，它允许大脑在短时间内临时存储信息，并对其加以利用。

比如在解题过程中，我们会将题干中的关键信息暂时存储在短时记忆中，以便在解题时使用。

短时记忆与瞬时记忆不同。它处理的信息是从感官信息中筛选出来的，但如果不经过专门的处理和重复，它也会在较短时间内消失。

长时记忆则源于对短时记忆的多次复述，记忆保留时间在 1 分钟以上，一般能在大脑中存储并保持相对较长的时间，甚至终身。

这种类型的记忆允许我们在任何时间回忆和应用所学

的知识、经验和技能。相对于瞬时记忆和短时记忆，长时记忆不仅可以持续很长时间，而且容量较大，可以存储更多的信息。

长时记忆是学习的关键。要使知识能为我们灵活应用，必须形成长时记忆。这也意味着我们在学习过程中，不能一味求快，也不要盲目与他人比较进度。因为一旦追求过快的学习速度，所学知识在大脑中停留的时间就会非常短暂，只会形成瞬时记忆或短时记忆，难以形成长时记忆。

而新学的知识主要以短时记忆的形式存储在大脑。短时记忆容量较小、持续时间较短，信息难以得到充分巩固，因此非常容易被遗忘。

但我们也不必因此对学习产生绝望的情绪，因为通过不断复习和巩固，信息会从短时记忆转变为更长久的记忆。而且随着时间推移，遗忘速度趋于平缓，一周后的遗忘率为77%，一个月后则为79%。

由此可见，学习过程中的遗忘是自然发生的，大脑不可能一次性记住所有信息。我们也不必因为遗忘而感到沮丧、懊恼甚至自责，更不要因此觉得自己记忆力不好或是不够聪明，而要将遗忘视为学习的一部分。

既然我们知道了遗忘不可避免，那么如何做才能在学习中对抗遗忘曲线，让知识更长久地保留在脑海中呢？最有效的方法就是不断重复。具体可以参考以下策略：

定期复习：通过研究遗忘曲线的不同时间段，艾宾浩斯发现，如果在遗忘曲线初始下降阶段进行复习，可以显著延缓遗忘速度。因此，可以利用这一原理，在学习后的最初阶段进行复习，即分别在学习后的 20 分钟、1 小时、1 天复习所学内容，以更好地巩固记忆，减少遗忘对学习的影响。

分散学习：相比集中在考前进行一次性复习，模仿遗忘曲线的特点，将复习分散到不同的时间点，比如学习后的 1 小时、1 天、1 周、1 个月，即在每次复习后，为下一次复习预留更长时间。该方法与定期复习相辅相成，可以大大提高知识的留存率。

小贴士

学习不是短跑比赛，不能急于求成，它更像一场马拉松，是一个循序渐进的过程。而遗忘的存在，提醒我们学习需要耐心和坚持。只有不断重复，将短时记忆转化为长时记忆，知识才能更好地被掌握。

记忆卡片：利用碎片时间复习

复习作为学习中不可缺少的环节，如果能有一整块时间集中进行，自然是最好不过了。但往往事与愿违，白天的时间总是被学校课程填得满满当当，晚上还有一堆课后作业要写，很难挤出一整块时间专门供我们复习。既然没有整块时间，我们可以退而求其次，选择利用碎片化时间进行复习。

拿我最近学习英语的经历来说吧。有段时间工作比较忙，回到家已经很晚了，身心俱疲，完全没有精力再学习，而白天也很难找到一整块时间背单词，于是我便充分利用碎片时间，比如早上刷牙的时候，我一边刷牙，一边浏览小本子上标记的前一天没记住的单词。吃饭前等待上菜的时候，甚至午休前的十多分钟，我都会打开手机上的相关应用赶紧背几个新单词。

你可能会说，我是学生，学校不让带手机，而且其他科目所学知识无法使用手机应用复习，这时应该怎么办？这种情况我们可以考虑使用记忆卡片。下面我们说说记忆卡片的使用方法。

第一步，准备记忆卡片。这一步将要复习的知识点写在卡片上。

比如，我们要复习历史知识，就可以在记忆卡片的正面写上历史事件的名称，背面写上该历史事件发生的时间、原因、关键事件、影响和重要人物等。

当我们复习美国独立战争时，我们可以在记忆卡片的正面写上"美国独立战争"，然后在背面写上与该战争相关的信息。具体可以参考以下格式：

时间：1775 年—1783 年。

原因：不满英国的殖民政策，包括重税和没有代表权。

关键事件：列克星敦和康科德战役（1775 年）、独立宣言（1776 年）、萨拉托加战役（1777 年）、巴黎和约（1783 年）。

影响：美国获得了独立地位，建立了独立的政府，成为独立国家。

重要人物：乔治·华盛顿、托马斯·杰斐逊、本杰明·富兰克林等。

再比如学习英语时态的时候，可以在卡片正面写上时态名称，背面写上时态的定义、用法以及例句等。

以过去完成时为例，我们可以在记忆卡片的正面写上"过去完成时"，然后在背面写明过去完成时的定义、用法及其例句，具体如下：

定义：过去完成时用于表示在过去某个时间点或事件之前已经完成的动作或状态。通常由"had ＋ 过去分词"构成。

用法：过去完成时用来强调一个动作发生在另一个动作之前，通常用于叙述故事或回顾过去的事件。

示例句子：

We had eaten dinner and then watched a movie.

She had left before I arrived.

They had finished their homework.

理科学习虽然以理解记忆为主，但在记背概念、公式时也可以选择记忆卡片的方式。比如在学习公式法求解一元二次方程时，我们可以在记忆卡片的正面写上"公式法求解一元二次方程"，然后在背面写清具体求解方法。

一元二次方程 $ax^2+bx+c=0$，其中 a、b、c 均为常数，且 $a \neq 0$。

求根公式： $x = \dfrac{-b \pm \sqrt{b^2 - 4ac}}{2a}$

根的情况：计算判别式 $\Delta = b^2 - 4ac$ 的值。

若 $\Delta > 0$，有两个实根；

若 $\Delta = 0$，有两个相等的实数根；

若 $\Delta < 0$，有一对共轭复数根。

注：计算过程中，注意正负号。

第二步，利用卡片复习。随身携带做好的记忆卡片，以便随时随地查看。复习的时候最好打乱卡片顺序，随机抽取一张进行复习，不依赖固定顺序复习，可以达到更好的复习效果。

　　拿到卡片后，尽量不要直接翻看背面的内容，先回忆一遍卡片上的信息，条件允许的情况下，可以出声复述，接着翻看背面，进行对照，重点记忆出错的地方以及很难回忆起的地方。重复以上步骤，直到清晰地回忆起卡片上的所有内容。

小贴士

　　复习的时候可以根据艾宾浩斯遗忘曲线，在学习后最初的几个小时和几天内定期复习。除此之外，已熟记的卡片不要乱扔，应妥善保管卡片，以便后期需要时继续使用。

充分利用记忆黄金时段："睡前醒后"双重记忆法

　　睡前和醒后被认为是记忆的黄金时段。在临近入睡以及早晨六七点钟这两个时间段，记忆力通常处于高峰期，这意味着在这段时间里，我们不仅容易记住新学的知识，同时也容易回忆起之前学过的知识。

　　临睡前，大脑逐渐进入恢复的状态，知识更容易在大脑中留下深刻印象，形成长时记忆。这也是为什么睡前记东西特别会牢固的原因。

早晨的六七点，大脑经过一整晚的休息，处于异常清醒的状态，这时候思维更为清晰，能更好地将注意力集中在学习上，此时不管是学习新知识，还是回顾旧知识都非常适合。

"睡前醒后"双重记忆法，正是利用了这两个时段的特点，以达到更好的学习和记忆效果。当然，每个人的生物钟和习惯不尽相同，具体学习时间可以根据个人情况来安排。

此外，大脑记忆还有个特点也决定了睡前醒后可以高效记忆。大脑在记忆时，先摄入的信息会对后摄入的信息产生干扰，称为"前摄抑制"。同时，也存在"后摄抑制"，即后摄入的信息也会影响先摄入的信息，使得先摄入的信息印象不深，容易遗忘。

这两种抑制现象的存在，意味着知识的储备需要有一定的时间间隔，即只有给大脑预留足够的时间处理、巩固先摄入的信息，才能有效地记忆新知识，避免前后摄入的信息相互干扰。

临睡前和清晨六七点记忆力达到高峰，且睡前和醒后这两个时段间隔较长，大脑有充足的时间整理、归纳、消化先前所记忆的内容，能有效减少两种抑制的影响。因此，睡前和醒后是绝佳的记忆黄金时段。

那么如何应用"睡前醒后"双重记忆法呢？

我们可以在睡前复习白天或更早时候学过的内容。根据艾宾浩斯遗忘曲线，学习初始阶段遗忘速度最快，但此时稍加复习便可恢复记忆，而且由于不受后摄抑制的影响，记忆的内容很容易存储在大脑。

有研究表明，在睡眠过程中，大脑会对新学习的知识进行归纳、整理、编码、储存，大脑的记忆活动不会因为睡眠而停止，所以利用这两个时段复习，性价比极高。早晨起床后，由于不受前摄抑制的影响，预习新内容或者再复习一遍前一天晚上复习过的内容，整个上午都会记忆犹新。

我在上高中时有个关系比较好的朋友，高三刚开学时不被老师看好。老师说他连三本都考不上，但他最后考上了华北电力大学。后来我问他怎么做到的，他说也没有什么捷径，就是上课认真听课，课下及时复习。说到记忆方法，他说自己无非就是充分利用了晚上睡前和早上起床后的时间。

他说，自己睡前一小时便会停止刷题，利用这个时间翻开笔记查看老师白天上课讲过的重点、难点知识，记记白天课上老师讲到的公式、背背英文单词，如果语文有背诵任务，则会再空出 15 分钟左右进行背诵。

早上，他一般六点起床，如果前一天学习晚了，就会在六点半起床，简单洗漱让自己清醒过来后，就开始记忆英语、语文、生物中需要背诵的知识，背一个小时左右，再去学校。

使用此方法后，朋友对书本内容的记忆更加深刻了，做题也更加顺利，对知识的记忆也更加清晰。这正是因为睡前、醒后这两个时段大脑状态最佳，在这种情况下进行复习和学习，最大限度地提高了知识的记忆效果。

在运用"睡前醒后"双重记忆法时，有几点需要注意：

（1）提前规划学习内容。可以在白天课间休息的时候或者放学路上，思考睡前和醒后要复习或学习的内容，确保有一个清晰的学习计划。

睡前时间最好用于复习，但白天已经复习过的内容，可以放到第二天早晨再进行强化记忆。早晨的大部分时间最好用来预习，早上醒来不受前摄抑制的影响，前一天晚上所学的知识不会影响早晨的记忆。利用早晨的时间预习课程内容，当老师讲课时会产生二次学习的效果，这样能帮助你在课堂上更容易理解和消化知识。

（2）**营造安静的学习环境**。尽量确保睡前和醒来这两个时间段的学习环境安静且没有任何干扰。这有助于学习时集中注意力，高效利用这两个时段。

（3）**避免熬夜**。很多人晚上学习太过专注，会不经意间忘了时间；或者拖拖拉拉，很晚才开始学习。这都会导致熬夜。熬夜将导致睡眠不足，不仅早上起不来，而且就算起来了也容易无精打采，对大脑的记忆功能极其不利。

所以，一定要确保有充足的睡眠，这样早起后才能以清醒的状态，充分利用早上这段黄金记忆时段。如果前一天熬夜了，也不要过于紧张，偶尔一两次不会太影响学习效果和进度。这个时候，我们可以视具体情况适当晚起，并减少早上的学习任务，以确保仍能以清醒的状态学习。

（4）**根据自身情况随时调整**。记忆力保持高效状态的时间段因人而异，即使同一个人，不同时间段的生活习惯和生活状态也会导致记忆状态发生变化。有些人可能早上学习效果更好，而有些人则在晚上学习表现更佳。因此，我们可以根据自己的情况和实际需要，找出对自己最有效的睡前醒后记忆方式。

小贴士

　　提升记忆是一个渐进的过程，不要期望一夜之间大幅提高记忆力。也不要因为使用几次"睡前醒后"双重记忆法后发现没有效果就放弃，坚持使用一段时间，逐渐培养这一良好的学习习惯，你将会逐渐感受到记忆力的提升，同时也会在学习中取得更好的成绩。

第四章

将笔记转化为知识

　　笔记作为学习过程中的得力工具，对学习的重要性不言而喻。特别在进入中学阶段之后，随着所学知识难度的增加，大家普遍意识到笔记的重要性，越来越多的人愿意做课堂笔记，但大家也意识到笔记对学习产生的效果却因人而异。这是因为做笔记仅仅是知识输入的过程。要想成功将笔记转化为知识，还需要一个有效的输出过程。笔记只有被有效转化为知识后，才能真正发挥其价值。

一、如何才能将看过的内容讲出来

有些人看了很多书，但问他都看了哪些书，他只能说出其中几本书的书名，再问他书里都讲了什么，他会支支吾吾半天讲不出来。为什么看了书，却在向别人解释或提取其中的观点时无从表达，仿佛知识从大脑中溜走了一样？关于如何将看过的东西讲出来，可以参考以下步骤。

明确看书的原因

有段时间，我喜欢在课后或下次上课前提问，就问学生上次课我讲了什么内容。这么简单的一个问题，很多同学却答不上来。

我因此一度恨铁不成钢，认为他们上课不好好听讲，浪费自己的大好时光。直到后来，有个女生找我问问题，她不经意间讲出了自己的疑惑，她说自己明明上课认真听讲了，但每当我要提问时，还是很慌乱，因为她无法很好地讲述课上所学的内容，有种竹篮打水一场空的感觉。

经她这么一说，我瞬间想起来，我上初中时有段时间也是如此：上课听得很认真，但老师一提问我就恨不得把头埋起来，就怕被老师点到，因为我也像这位同学一样，不能很好地提炼出老师所讲的内容。

为什么会这样？主要是因为学习过程太过囫囵吞枣，缺乏主动思考。不管是一堂课，还是一本书，其中均包含了大量的观点和信息，课上如果只是看看、听听，过一遍耳朵，阅读一本书时如果因为心急等原因只是匆忙翻阅，都不足以使我们深刻理解并记住内容。

如果缺少主动思考，不将所学、所读内容与我们已经掌握的知识联系起来，或者提出自己的疑问，那么这些内容很容易被忘记或变得模糊不清，进而导致我们不能真正理解所学、所看内容。

在这种情况下，虽然认真上了课、看了书，但知识并没有被真正消化吸收。就阅读而言，我们应反复阅读并思考书中的内容，以确保真正理解其中的要点。明确了原因后，我们就可以对症下药。这里将以阅读一本书为例来说明具体可以采取的措施。至于上课学习，做法大同小异。

很多人并不清楚自己为什么要看书，他可能只是因为这是畅销书，或者别人推荐了，就想着自己也拿过来看一看。有些人看书甚至只是为了打发时间。我们要认识到，阅读的本质并非只是用眼睛扫过文字，而是一场与作者跨越时空的思想对话。

小贴士

如果只是为了消磨时间，是很难记住看过的内容，更不用说理解作者传达的深层含义。所以，不要将看书视为一种随意的消遣，而要抱着学习的态度，以获取知识、理解作者思想为目的。

选择良好的看书环境

我们不能为了看过书而看书，看书也要选择在自己状态比较好的时候进行。比如周末早上起来，精力比较充沛，身体和思维都处在最清醒的状态。

这时候找一本自己感兴趣的书，坐在桌前或者站起来阅读，这两个姿势能保证我们处于专注的状态，更容易深入阅读书中的内容，进而理解作者的观点，并从中获得新的知识和启发。

切记千万不要躺着看书，这容易让你感到昏昏欲睡，分散注意力。同样，当你感到疲惫或思维不集中时，也不要强迫自己阅读。这个时候阅读，一般只是机械性地翻动页面，无法真正理解书中的信息，无疑是浪费时间。

所以，遇到看不进去书或者不想看书的情况时，你大可以选择休息或者做一些舒缓的运动，帮助自己放松，等精力充沛、读书欲望强烈时再来阅读。

看书时细嚼慢咽，勤于思考

不少人看书时，热衷于比速度，以读书快为傲。这就使得总有人嫌自己读书慢，渴望拥有一目十行的能力。但看书是最不能追求速度的，读得快并不能代表你就读得好。相反，读得快反而有可能造成这样的后果：读到后面，忘了前面，最后什么都没记住，使整个阅读过程变得毫无意义。

记得上小学时，我的语文老师曾告诫我们说，大家读书学习不能一味求快，而要找到适合自己的节奏；不要像黑熊掰玉米，一边掰一边扔；也不要像猪八戒吃人参果那样，一口下去连核儿都不吐，最后味道都没尝出来。

读书一定要慢下来，带着问题去读，就像中学上语文课那样，读完后多问自己这段的段落大意是什么。在读的过程中要尝试与书中的观点互动，将书中的知识与已有知识联系起来。至于看不懂的地方，可以多读几遍，所谓

"书读百遍，其义自现"，多次阅读可以帮助我们更好地领会作者的思想。如果遇到实在无法理解的部分，就像理科科目中的定理证明过程，有时候看好多遍也难以理解，这时候死磕只会浪费时间，正确的做法是上网搜索解释，或者寻求身边老师、同学的帮助。

输出倒逼输入

我们看书的时候，尤其看到那些内容丰富、引人入胜的书时，往往会产生已经完全理解书中内容的错觉。这个时候，如果有人要求我们复述自己所看的内容，我们会立刻发现自己掌握的知识其实漏洞百出。

为什么会产生这种错觉？因为看书的时候，我们通常处于被动接受知识的状态。眼睛看着书上的文字，大脑配合处理着书上的文字信息，这个过程虽然可以帮助我们消化、吸收知识，但学习不仅仅是吸收知识，更多的是要将学到的知识内化、加工并应用。

我们通过阅读获取知识，如果缺少主动解释、教授或应用知识，很容易陷入"虚假了解"的陷阱。这也是为什么当我们向别人解释所学内容时，发现自己无法清晰、简洁地表达出来。

因此，能有效输出知识才是真正掌握知识的标志。当我们试图应用所学知识，或是要用自己的语言复述时，就不得不主动思考知识内容的框架结构、逻辑关系，并寻找用简明方式表达复杂概念的方法。

小贴士

输出过程迫使我们主动进入更深层次的思考，能有效填补学习过程中的知识漏洞，帮助我们更好地掌握所学知识。

二、主动输出：知识内化的关键

要真正掌握所学知识，不仅需要被动接收，还需要积极主动地进行知识的输出。输出是我们深刻理解、记忆和应用知识的关键步骤，它能增强我们将知识转化为实际行动和创造力的能力。因此，不要只是阅读，要多输出，即解释、分享和应用所学知识。

表达输出：利用费曼学习法彻底搞懂知识

相信我们中的多数人都有过如下经历，那就是，幼童时期被家人要求向他们讲解在学校学到的东西，尤其是在上幼儿园的时候，家长总是迫不及待地想知道我们一天学了什么。这里向他人讲解所学内容的过程，其实就是费曼学习法的核心所在。这种简单而有效的学习方法在我们年幼时常被家长采用，但遗憾的是，随着年级的升高、知识难度的增加，这种学习方法反而逐渐被忽视。

前段时间，我在微博上看到有人分享小时候的学习经历。他提到，小时候母亲对他非常严格，要求他阅读图文版的《史记》，并让他每天晚上复述一篇。当时的他并不理解母亲的良苦用心，想不通为什么母亲如此热衷听一个小孩子讲故事，甚至曾觉得这样的要求非常无聊。

后来，他高中选了文科，学习历史时倍感轻松，这时他才恍然大悟。原来母亲要求他复述的目的并不仅仅是想听故事，更重要的是帮他更深入地理解知识。通过复述和解释，他在童年时期就培养了对历史的兴趣，这无疑为后来的学习奠定了基础。

这一经历体现了一个重要的学习方法，就是教授和解释可以用来巩固、深化知识。

费曼学习法正是建立在这一原则之上的。费曼学习法是美国著名物理学家理查德·费曼提出来的。费曼曾因对量子电动力学的突出贡献，于1965年获得诺贝尔物理学奖。费曼不仅在科学方面取得了显著的成就，还在教育领域做出了巨大的贡献。

费曼在课堂上幽默风趣，善于用通俗易懂的方式解释复杂的物理概念，这种教育方式不仅让枯燥的物理课变得生动有趣，还使得晦涩难懂的物理学知识更容易被学生理解和接受。因此，费曼在加州理工学院的课堂总是座无虚席。

费曼学习法正是他基于自己的科研和教学经验提出的一种学习方法，其核心思想是"以教促学"。即将知识用简单明了的方式解释给他人，以此检验自己是否真正掌握了这些知识。费曼认为，学生若是听不懂老师的授课内容，那么很可能是因为老师自己也没有真正搞懂。只有能教会别人，才算是彻底搞懂所教内容。

那么如何在学习中使用费曼学习法？可以参考以下步骤：

第一步，使用简练的语言解释所学内容。 晚上放学后，可以尝试将白天所学内容以通俗易懂的方式解释给家人、朋友听。最好找一个完全不了解这些内容的人，因为他们提出的疑问，可以帮助你更清楚地解释。如果实在找不到合适的听众，可以想象自己在向一个什么都不懂的人解释。解释时可以结合举例子的方式，让表达更加具体。同时也可以使用类比或者比喻的方式，增加表达的趣味性。以上两个表达技巧均能使你的解释更容易被理解。

第二步，识别并修复漏洞。 在解释的过程中，你会注意到有些地方需要额外予以关注和修正。具体包括以下方面。

模糊的表达： 有些地方虽然自己懂了，但无法清晰明了地表达出来，这些地方需要你重新提炼要点内容，组织语言，确保你的解释能够简洁且准确地传达信息。

理解不到位： 有些地方你可能一知半解，感到困惑。这种情况需要回顾教材或课堂笔记，并进行二次学习，最终确保你对这些知识的理解更加深入。

最后，可将笔记或教材再整体过一遍，检查是否存在遗漏或错误。确保你的解释包括了所学内容的所有关键点。

第三步，再次向他人讲解。 经过第二步查缺补漏后，你对所学内容会形成更加深入、更加完整的理解，此时，不要嫌麻烦，应再次尝试解释给家人、朋友听。

如果你不喜欢口头讲解，那么也可以选择以文字的方式将所学的知识分享在学习论坛或知识分享平台上。比如，创建个人博客或专栏，成为一位知识分享者。你可以鼓励读者在文章底部留下评论或提出问题，并积极参与到与读者的互动和讨论中。

回答和讨论问题的过程，不仅能促使你再次回顾一遍相应的知识，而且极有可能还是一次查缺补漏的机会。当你无法清晰地回答某个问题时，回归笔记或者书本，直到彻底搞懂问题，这个过程不仅能深化对知识的理解，还能促进知识的传播和分享，使更多人受益。

解题输出：高效刷题，拒绝题海战术

作为学生，我们需要通过各种考试来检验学习成果。而想在考试中取得更高的成绩，我们要做的无非就是将考试题做得又快又好，于是很多人走上了刷题的道路。刷题作为一种常见的学习方式，在数学、物理、编程等理科科目中使用得较多。当然像英语、地理、历史等文科科目，也需要适当刷题。

刷题的过程其实也是知识输出的过程。其对学习有诸多好处，具体如下：

巩固知识，提高问题解决能力。刷题作为知识应用的过程，可以帮我们巩固题目中涉及的基本概念和知识点。多练习几道相关的问题，可以使我们更熟练地掌握如何在做题过程中应用这些知识，并提高解决问题的能力。在解答某些题目的过程中，往往还需要运用逻辑思考和推理能力。通过这类题目的训练，我们可以有效锻炼逻辑思维能力，使大脑在解题时变得更加敏捷和灵活。

检验学习效果，拓展知识面。在刷题的过程中，如果能顺利解答问题，说明已经掌握了相关的知识点。如果无法顺利解题，说明题目考查的知识点还没完全弄懂，需要进一步学习。此外，我们所刷题目涉及的知识范围与难度会有所不同，在刷题的过程中时不时遇到较为新颖的题型，对知识面的拓展也十分有用。

提高耐心和自信心。刷题时可能会遇到一些复杂和棘手的问题，需要一定的耐心去解决。而成功解出一个个问题无形中会增加自信心，推动你继续学习并挑战更复杂的问题，进而提高在考试中的竞争力。

总之，刷题在学习中扮演着不可或缺的角色，是一种十分重要的学习方法。然而刷题并不是万能的，很多同学将学习等同为刷题，他们认为要想学习好，就只有刷题一条道路，因此搞起题海战术，甚至有些人执着于刷题数量，认为只要做题的数量多，就一定能取得好成绩。因此喜欢相互攀比做题数量，你做了 20 道题，那我就做 25 道，乃至 30 道，你做 30 道，我就要在你的数量上再加上几道。

搞题海战术的同学，往往盲目追求做题的数量，而忽略了做题的质量和深度。这种学习方式容易造成深度思考的缺乏，只是记住了答案，让学习浮于表面，从而无法真正掌握知识；使用题海战术通常只能零散地解决问题，无法建立起完整的知识体系，长期来看，不利于知识的长期记忆。

此外，追求数量而非质量的学习可能会花费大量时间解决相似问题，忽略了更有价值的学习机会。面对千篇一律的题目，不仅浪费时间，还会导致学习变得单调乏味，容易降低学习兴趣，给学习带来更长久的不利影响。

高二的时候，我们班就有一位同学将学习等同为刷题。当时早自习结束后，会有比较长的休息时间供大家吃早餐，此时这位同学就会不厌其烦地询问各科成绩好的同学，昨天做了多少道题。

我当时数学学得比较好，他总会过来问我数学题做了多少，做到哪一节了。如果我的题做少了，他会不相信，会要我拿出学习资料来，他亲自检查。他刚开始这么做的时候，大家还挺配合的，用现在的话来说，他这一行为甚至让班里的好学生都"卷了起来"。但时间久了，大家发现这种攀比毫无意义，逐渐反感起这位热衷攀比做题的同学。

其实盲目多做题的学生多数是前文提到的那类"假努力"的学生。他们的努力甚至有可能是"无效努力"。因为题海战术主要提高的是做题的熟练度。对大多数人来说，多做的题往往是已经掌握的。对于那些像天书一样完全不懂的题，刷再多也没有用，在大多数情况下，不会的题只能空着不写。

小贴士

刷题应该注重质量而非数量，要重视对知识的深度理解和思考，充分利用刷题检验对知识的掌握程度，查缺补漏，避免盲目追求数量。

那么，我们如何做才能高效刷题？

首先，搞清本质，不惧难题。

刷题之前，首先要理解问题的本质，要深入思考每个问题背后的原理。遇到不会做的题，或者难度较大的题，不要轻易跳过去，也不要直接翻看答案，而要回归基本概念及原理，彻底搞清题目所考查的内容后，再尝试做题。实在解决不了时，可以尝试翻看答案或者向他人求助，直到能自己独立解出为止。

要记住我们做题的目的，不仅仅是为了解出这道题，更是为了掌握知识、学会解题思路。刷的题再多，如果不清楚题目考查的知识点、易错点以及做题思路，那么就算这道题会做，下次遇到同类型的题时，仍会有出错的可能。

我们要通过这一道题，会解一类题。我们学会求解某道题后，在解其他同类型的题时，可以将此题做为我们解题思路的起点。所以，碰见新类型的题时，一定要深入剖析题目考查的知识点、可能的变形、潜在的难点以及容易"掉坑"的地方。对于不会做的题，除了重新复习题目对应的知识点，还要分析没能做出来的原因，以此识别出自己存在的知识盲区，从而提高解题技巧和学习效果。

其次，主动思考，积极讨论。

刷题不是机械被动地做题，而是要保持大脑处于主动思考活跃的状态。有时候不仅要思考这道题怎么解决，对应的知识点是什么，还要同知识学习阶段一样，联系以往做过的题目，建立题目之间的联结，以扩充知识体系，要多思考，尝试找到不同的解决方案。

小贴士

在解决问题的时候，尤其遇到棘手的问题时，要积极找同学交流讨论，学习别人的思考方式，提高自己的解决问题能力。

最后，整理错题，定期巩固。

大多数人题目做完后就扔一边了，从小到大，一定有不止一位老师要求我们整理错题。整理一道错题，其实比多做一道新题更有意义，因为错题直接暴露了我们学习中有所欠缺的地方。但不少人因为整理过程过于耗时，难以坚持。所以高效、省时的错题整理方法至关重要。

下面说说我整理错题的方法，我最早会准备一个错题本，将做错的题目誊写上去，旁边写上正确做法，并标注出自己做错的地方，写上做错的原因。例如，我会标注是"粗心大意导致审题出错"，还是"概念理解不透彻"，或者是"计算方面存在问题"等。

这个方法是大多数老师建议的整理错题的方式，因为在后续复习错题的过程中会非常方便，只需翻开错题本就可以进行复习。然而，有些题目题干一大堆文字，光是誊写题目都要花费不少时间，容易让人失去耐心，从而降低学习的积极性。

后来我选择直接在习题册上将错题用红笔圈出来，标出做错的步骤，旁边写上做错的原因。至于选择题和填空题，解题步骤一般是写在草稿纸上的。这类题目我会找便签或者方便夹在书中的纸，将出错的步骤以及改正后的步骤都写上去，明显的对照能加深我对错误的印象。

整理完错题后不是针对错题的学习就结束了。前文提到了定期复习对巩固记忆的重要性。我们可以采用第三章中"对抗遗忘：不断重复"一节讲到的方法，定期对错题展开回顾和复习。

小贴士

刷题作为重要的学习方法之一，在学习中发挥着不可或缺的作用。但刷题时必须要注重题目深度和做题效果，切勿盲目追求数量，陷入"题海战术"的误区。而刷题之后整理错题并进行定期复习，不仅可以保证刷题效果，还能帮我们保持对学习的兴趣和积极性。

考试输出：查缺补漏利器

"考考考，老师的法宝；分分分，学生的命根！"老师通过考试评估学生对知识的掌握程度，以便了解学生在某一阶段学习中的表现。同时，考试也对学生至关重要，因为不管校内校外，大家总是习惯用分数来衡量学生学习的好坏，取得高分将带来奖励、机会、自豪感，而低分可能会带来批评、限制和挫败感。

因此，对于有些人来说，考试可能是带有焦虑的经历，充满着不确定性。不仅如此，生活中还存在一些人

"谈分色变"，认为不能使用如此单一的手段评判某个人学习的好坏。确实，评估学习的好坏不能仅局限于考试和分数，但考试作为一种相对公平、容易衡量的评估手段，仍被广泛使用。

考试这种考核形式之所以能流传下来，并在全世界范围内广泛使用，说明它还是有诸多好处的。如果我们以正确的方式看待考试，它能成为我们查缺补漏的利器。

首先，考试可以帮助我们更好地理解知识。考试是一个强大的激励因素。复习备考过程中，我们不仅要回顾最近学过的内容，还需要复习很早之前学过而印象不那么深的内容。而且，由于面对考试压力，此时的学习会比平时更加细致、更加深入，能最大限度地加强我们对知识的理解。

其次，考试可以帮助我们提高时间管理能力以及应对压力的能力。在考试环境中，我们必须在有限的时间内做完试卷，这就使得我们必须集中精力，合理有效地分配时间。这无形中提高了我们的时间管理能力，而这一能力在生活和学习中都极为重要。此外，面对考试压力，我们需要迫使自己保持冷静，这也在一定程度上增强了我们的抗压能力。

最后，考试可以指导我们学习的方向。考试输出是一个非常有效的学习反馈工具，它不仅能帮我们评估知识的掌握程度，还能帮我们发现学习中的不足。当我们收到考试成绩时，不应将其仅仅视为评价自己学习好坏的标尺，而应将其看作对先前学习效果的反馈。

如果我们在某些部分的得分较低，意味着在学习过程中可能忽略或未能深入理解这些内容，所以，之后的学习需要着重关注这些地方。对于错题，我们应像前文所讲的，整理并定期回顾。如果是学习方法导致的学习效果不佳，那么我们需要反思学习方法，并有针对性地调整学习策略。

记得小学二年级的时候，学了两位数的乘法。以 15×12 为例，我们都知道两位数的乘法列竖式乘的时候，先用个位上的 2 去乘 15 得到 30，再用十位上的 1 去乘 15 得到 15，最后如图 4-1 左边所示 15 向左错一位上下相加，得到 180。但我当时不知道怎么回事，以为要像图 4-1 右边所示将 15 向右移一位。那段时间写作业总用计算器，直到期中考试，数学只考了 71，因为所有涉及两位数乘法的题目都算错了。

$$
\begin{array}{r}
15 \\
\times 12 \\
\hline
30 \\
15 \\
\hline
180
\end{array}
\qquad
\begin{array}{r}
15 \\
\times 12 \\
\hline
30 \\
15 \\
\hline
315
\end{array}
$$

图 4-1　两位数乘法竖式（左边：正确解法。右边：错误解法）

　　我当时回到家，都不敢将试卷拿出来。因为我父亲要求很严格，而且脾气也暴躁，他要是知道我考了这么点分数，难免会大骂一顿。果不其然，我后来被我父亲狠狠批评了一番。好在我母亲是位老师，她劝说我父亲不要责备我，也鼓励我不要因为一次没考好就气馁。她带我一起分析试卷，发现我所有应用题的公式都列对了，但无一例外结果全算错了。她便拿出草稿纸，让我当她面重新计算一遍。这样，我计算中存在的问题一下子就显现出来了。

　　虽然后来家里的计算器都被锁在书柜里，使得我无法再偷懒，但我真的很感谢这次经历。它让我及时发现问题，并改了过来。

　　在这里，我也不由得再次感谢母亲在我基础教育阶段对我的耐心指导。每当我考出好成绩时，她都会由衷祝贺我；当我考得不好时，她从不像父亲那样责备我，而是引导我发现学习中存在的问题，并始终安慰我说"吃一堑，长一智""遇到一次挫折，得到一次教训"。因此，在之后的学习生涯中，我不再害怕犯错，甚至将每次失误都视为进步的机会。希望读者们以后面对考试，也能做到从容应对，将其视作机会。

　　当然，这里的意思并不是说只有在正式考场上才能发现自己的不足。毕竟对我们学生来说，成绩还是相当重要的，尤其是小升初考试、中考、高考这些具有决定性的考试，平时的期中、期末考试也相对比较重要，在这些关键的考试中，我们要尽量避免失误，能多拿分就要多拿分，争取在能力范围内获得最高的分数。

那么，如何在正式考试之前提前发现问题呢？有个行之有效的方法，那就是自我测试。也就是说，在真正的考试之前，我们可以定期进行模拟考试，以评估自己的准备情况，发现潜在问题。具体可以参考如下步骤：

选择合适的试卷。选择与即将参加的考试题型相同、难度相当的试卷，这个试卷可以是老师推荐的模拟卷，也可以是历届考过的试卷。这些试卷能帮我们更好地模拟实际考试情境。

这里建议大家优先完成历届考过的试卷，因为试卷出题老师往往是固定的，出题风格也不会轻易改变，因此历届试卷在考核难度、题型设置以及考核内容等方面更有参考价值。而模拟卷的出题老师往往并不是我们所参加考试的出题老师，在考核内容、题型设置上可能会更加灵活，不如历届试卷具有代表性。

认真完成试卷。尽量找一个安静的、不易被打扰的地方答题，以更好地模拟真实的考试环境，这个环境最好能让你有种置身真实考场的感觉，这样可以更好地应对实际考试的压力。在答题的过程中，要严格遵守考试规定的时间，不要提前查看答案或中途暂停考试，而作弊或其他不正当手段只会让你自欺欺人，无法反映真实的学习水平。

批改并分析试卷。模拟考试完成后，不要急于查看正确答案。首先批改试卷，可以自己批改，也可以找同学、朋友帮忙批改。对于一些需要给出步骤的题目，自己批改时可能会心慈手软，所以最好能找一位比较严格的朋友帮忙批改。

改完试卷后，还需要分析试卷。分析时要特别关注那些做错的题目，仔细思考为什么会犯错，找出犯错的原因，以及这些错题有哪些共性。此外，不要忽视那些在考试中感到不确定，但最终选对了答案的题目。做对这些题目往往是因为你运气比较好，但实际上你对其中考查的知识点掌握得并不扎实，需要特别注意。

最后，根据分析结果，制订改进计划，以便更有针对性地强化复习模拟考试中表现不佳的地方。比如重新学习相关知识点，做更多的练习题，或者寻求老师、同学的帮助来解决疑惑。

除了分析试卷本身，我们还需要分析考试的时间分配。有时候，你会发现自己本来会做的题目，在考试紧张的氛围下，由于时间压力，匆忙答题而出错。在这种情况下，模拟考试结束后，进行一次简单的时间分析很有必要。通过分析，可以明确哪些部分花费了太多时间，哪些部分需要分配更多时间。

考试时间分析，可以帮助我们在真实考试中更好地规划答题时间，避免在考试中因某个部分用时过多而导致其他部分匆忙答题。考试中合理的时间管理不仅能提高答题效率，还能有效降低出错率。

三、刻意练习：熟能生巧

通过表达输出、刷题输出和考试输出，我们能清楚地了解自己在学习中存在的不足。接下来，我们需要考虑如何有针对性地提高自己的水平。这里介绍一种方式——刻意练习。刻意练习与单纯的重复性练习不同，它具有明确的目的性，更注重挑战个人极限，能帮助我们持续改进。

刻意练习的实施步骤

首先，刻意练习要求我们拥有明确的目标。即我们需要清楚自己要在哪些地方提升，以及想要达到的目标水平。

这一点对我们来说比较简单，因为不管通过表达输出、刷题输出还是考试输出，我们都能轻松找到自己需要改进的地方，这些也正是我们需要刻意练习的地方。

其次，刻意练习要求我们循序渐进。正所谓"心急吃不了热豆腐"，在刻意练习的过程中我们不能操之过急。有些人确定好目标后，恨不得一步到位，马上达到自己理想的状态。他们一上来就去找有难度的内容，但这么做往往适得其反。因为一上来就做高难度的练习，容易导致基础掌握不扎实，随之而来的挫败感，会对后续学习产生不利影响。

我有个学生就是这样，本身中学基础薄弱，像幂运算、对数运算之类的基本计算都不过关，做与微积分相关的题目时还喜欢挑战有难度的题。我跟她讲了很多次，先花时间把微积分题目中涉及的中学知识补一补，这也花费不了多长时间，但她就是不听。等到强化复习阶段，计算接二连三遇到问题，她才意识到我给她的建议是多么重要。

所以，在做刻意练习时不妨慢下来，由易到难，循序渐进。

首先要确保自己将基础的概念、原理等都搞懂了，接着再开始练习。目前有些练习资料会将题目难度区分开来，分为基础题、强化题、综合题等。这种逐渐增加难度的分类方式能有效避免重复练习同一类型的题或者已经掌握的题，可以帮助我们逐步走出舒适圈，挑战更有难度的题，甚至让我们在做题的过程中，产生游戏中打怪升级的征服感，能极大激发学习兴趣，形成良性循环。

最后，刻意练习要求我们不断调整目标。不同于盲目的重复练习，刻意练习一段时间后，我们要及时反思自己哪些地方做得好，哪些地方还需要进一步深入学习。

在进行刻意练习的过程中，如果你发现自己在某些方面取得了显著的进步，已经达到了最初设定的学习目标。你就需要根据实际情况，考虑需不需要朝着更高水平迈进。

小贴士

随着学习的深入，你可能会发现自己存在的新问题，此时就需要灵活调整学习目标。刻意练习也可以结合考试输出检验自己的学习成果，针对发现的新问题，调整练习目标。

在学业中应用刻意练习

如何在学业中应用刻意练习？以英语学习为例，如果想通过刻意练习的方法提高英语写作能力，可以参考下面的做法。

首先，明确目标。开始英语写作练习之前，需要首先明确写作类型，比如是议论文、叙事文还是书信等。假设我们选择了议论文，接下来就要明确最终想达到的目标，比如提高议论文写作中形容词和副词的运用能力，以便写出更加流畅、生动的文章。

其次，选择学习资料。着手练习之前，选择适合自己英语水平的写作书籍、在线写作课程。如果你已经有一定的写作基础，那么可以在互联网上直接搜寻高质量的议论文范文。认真学习这些资料中的文章结构、表达方式和词汇、词组，并重点关注其中使用的形容词和副词，分析它们在句子中的作用。

接着，刻意练习。每次练习时选择一个自己感兴趣的主题，再找一篇同一主题的优秀范文。然后，参考范文整理出详细的写作大纲，简单列出每部分计划写的主要观点。接着逐句逐段模仿范文的表达方式，但注意一定要用自己的语言表达，切忌直接抄袭。

练习频率可以结合自身情况确定，每天写一篇是最好的，一周写2～3篇也是可行的，最关键的是要能坚持下来。文章篇幅无须太长，能清晰表达出自己的想法即可。经过一段时间的练习，可以拿最新的文章与早些时候的文章进行对比，分析词汇使用、写作技巧等方面是否有所改进。

最后，修改并反馈。完成文章后，请朋友、家人或老师阅读你的作品，让他们帮助你批改并提出意见，再根据他们的建议进行修改和润色。同时，将学到的新单词和短语积累下来，定期回顾使其储存在你的长时记忆中，以便在以后的写作中能够灵活运用。

记住，提高写作能力需要一个持续的过程。一旦开始，就不要停下来。很多人学了多年英语，仍未成为熟练的英语写手，主要原因就是他们未能持之以恒地练习。有些人可能兴致来了，会练习一阵子，但兴致过去后便不再动笔，这样很难培养出一项技能。因此，我们要做的就是坚持不懈地刻意练习，逐渐提升自己的写作水平。一段时间的练习后，终将达到最初设定的写作目标。

小贴士

刻意练习是一种强大的学习方法，它强调设定明确的学习目标，并有针对性地进行练习。同时，它要求学习者不断调整目标，以满足自身学习需求。如果你希望在某方面取得进步，不妨采用刻意练习的方法，并坚持下去。

第五章

专注赋能：利用康奈尔学习法做到心无旁骛

你可能因为自己无法在学习上保持专注而感到焦虑，甚至自责。要知道，焦虑或自责只会让专注学习变得更加困难。不要因此破罐子破摔，想着既然学不进去，那就不学了，直接彻底放弃。请记住，专注力并非是天生的，也不仅仅是那些学习成绩优秀的同学才能拥有的。实际上，没有谁一生下来就有较强的专注力，专注力就像肌肉一样，可以通过训练不断加强。在学习如何训练拥有专注力之前，我们先来了解一下无法专注的原因。

一、学习时为什么无法专注

　　早些年移动互联网还不发达，每到周末我便去图书馆、书店看书，有时候去晚了没座位，只能坐在地上。那时候看一上午书还不满足，吃完午饭还要回去接着看，甚至沉浸在书本中忘了时间，经常一抬头才发现外面天都黑了。这么看一天书下来，即使没看多少内容，也倍感充实。尤其在走出书店的那一刻，总有种与外界隔绝，重返人世间的奇妙感。

　　然而，现在的情况却大不相同。偶尔去一次书店，发现书店里总是冷冷清清。不少书店甚至不得不通过售卖文创用品来吸引顾客。现在去图书馆或书店，再也感受不到当年的那种充实感。如今，一个电话、一则微信消息，甚至一声消息通知提示音，都足以瞬间分散我的注意力。偷得半日宁静已然成为奢望，能做到一整天全身心沉浸在阅读中更是遥不可及。

　　相信不少人有过我这种体会。我弟之前备考公务员考试的时候，也曾说起，上学时看书复习很容易做到心无杂念，一上午能看很多内容。但如今虽然人在书桌前，表面上看着在认真学习，但大脑似乎不受控制地游离在各种想法之间。

这究竟是怎么回事？是什么削弱了我们专注学习的能力？在回答这两个问题之前，我们先来看看什么是注意力。

注意力是人们在感知、思考和处理信息时，在一段时间内，持续将有限的精力有选择地集中在某些特定的信息而自动忽略其他信息的能力。

注意力使我们在面对大量信息时，能将有限的认知资源分配到我们最关注、最感兴趣或者最重要的信息上，以便我们更好地执行各种任务。

注意力还有一个很重要的特点就是可控，也就是说注意力可以受意识和意愿的控制。我们可以根据情况，将注意力持续集中在某个任务上，也可以将其从一个任务转移到另一个任务上。

注意力分不同的类型，主要有集中性注意力、选择性注意力、分散性注意力、持续性注意力。

集中性注意力主要用来处理各种感官信息，让我们得以看得见、听得着、闻得到，比如处理视觉信息时所用到的视觉注意力、处理听觉信息时所用到的听觉注意力、处理嗅觉信息时所用到的嗅觉注意力等。我们课上能做到认真听老师讲课，正是得益于此类注意力。

选择性注意力能让我们在面对纷繁复杂的信息时，选择性关注我们感兴趣的部分，并自动忽略其他部分。课间休息时，教室里虽然闹哄哄的，但你依然能做到无视周围的吵闹声，将注意力集中在书本上，这就是选择性注意力在发挥作用。

选择性注意力在学习的过程中非常关键，因为它可以让我们将精力集中在重要的学习任务上，而忽略那些不相关的或次要的信息。

比如，你正在阅读一本包含大量信息的教材或学习资料，其中不仅有文字，还有图表和附注等。选择性注意力可以帮助你将精力集中在主要概念、关键示例及重要细节上，而忽略其中的次要信息以及环境中与当前学习无关的其他信息，避免信息过载。因此，选择性注意力可以帮助我们更好地理解并吸收学习内容，让学习过程更加高效且有针对性。

分散性注意力使我们可以同时关注多个信息。但注意力有限资源模型指出注意力是种有限资源，因此，人们在特定时间内只能专注于有限数量的信息或任务，超出这个范围，大脑就会难以集中、深入处理信息，往往导致办事效率低下。

　　有些同学学习时，总在不经意间查看一下微信消息；或者干脆打开社交媒体一边学习，一边刷短视频；甚至不少同学喜欢在写作业的同时听音乐或者吃东西。要知道，你将注意力分散在学习以外的其他地方，势必会减少投入在学习上的注意力，使得学习效率低下。

　　此外，有些习惯于临时抱佛脚的同学，倾向在考前复习时间所剩不多的时候复习。这个时候复习通常需要同时面对多门课程，你可能在复习数学的同时，惦记着英语。或者这门课程没复习多久，就着急复习下一门。这样做同样会分散注意力。加上复习时间紧张，很难深入理解每门课程中的重点内容。

　　持续性注意力能保证我们持续专注于某件特定的事情。我们能长时间集中精力，深入理解学习材料、记忆所学内容，靠的都是这类注意力。将所学知识存储在长时记忆，通常需要长时间集中学习，而持续性注意力能帮我们克服学习过程中的疲劳和散漫，使我们能够长时间保持专注。

　　然而现实中总有各种外在、内在干扰，使我们难以长时间持续保持专注。

放学回到家中，你坐在书桌前，准备认真写作业。然而，家里的环境似乎不太友好，你的家人在房间里来回走动发出声音，厨房的厨具乒乓作响，宠物也时不时地发出叫声。这些外在噪声扰乱了你的思维，让你难以迅速将注意力集中在学习上。幸运的是，随着时间的推移，你的选择性注意力逐渐发挥作用，帮助你过滤掉了与学习无关的外界干扰。

然而，当你的学习状态逐渐进入佳境时，手机突然响起了消息提示音。你忍不住查看，发现是朋友邀请你上线一起玩游戏。虽然游戏很吸引人，但你决定拒绝，因为你不想因此耽误了作业。此时，选择性注意力再次发挥作用，使你很快将注意力重新集中在学习上。

你继续学了一会儿后，突然想起白天在学校，你的同桌向你推荐了一首新歌，你迫不及待地打开了音乐软件，开始一边听歌一边写作业。

音乐使你的注意力分散，导致你在一道题上花了比平时更长的时间。同时，这首你喜欢的歌曲渐渐将你更多的注意力吸引走，你感到大脑有点疲倦，似乎无法再专注于学习。于是，你决定暂时停下来，听会儿音乐，然后再继续写作业。

在上面这个例子中，外界的噪声、朋友的游戏邀请属于外部干扰，而听歌的欲望属于内部干扰。尽管你努力保持专注，但这些不同类型的干扰都能轻而易举地夺走你的注意力。

　　现实中不断涌现的信息和刺激，使得干扰形式更加多样，强度也往往更大。尤其在你准备考试的时候，除了受到上述提到的外部干扰和内部干扰，还会因为时间紧迫，导致你不得不在不同任务间来回切换，甚至分心思考未完成的任务，内在的焦虑、压力、担忧、疲劳、情绪波动，以及身体不适都可能成为内部干扰，让你注意力难以长时间集中，进而影响专注力。

　　反过来，你可能不禁想问，为什么玩手机时更容易专注，能一整天沉浸在手机中，而专注学习却如此困难？这是因为社交媒体等手机应用具有成瘾性，它们可以触发大脑释放使你感到愉悦的神经递质多巴胺。

　　当你窝在沙发里，动动手指来回滑动手机屏幕，浏览有趣的内容时，通常会获得及时的满足和反馈，从而刺激大脑释放多巴胺。多巴胺带来的愉悦感，又反过来促使你继续进行这一活动。像你平时玩手机时的点赞收藏、新消息通知、有趣的图片或者视频，无一不激活多巴胺这一反馈循环。然而，学习需要长时间持续专注和深度思考，通常不会提供如此即时的满足感，因此我们在学习的过程中，更容易被手机分散走注意力，以寻找更快的奖励。

　　相比之下，玩手机不需要深思熟虑，也不需要长时间将精力集中在解决问题上。从小游戏到购物平台，再到社交媒体的短视频，都是轻松且表面化的。

尤其社交媒体中的短视频，在后台算法的加持下，动动手指就能看到想看到的内容，这些几分钟的视频将注意力切割成了碎片，让你误以为自己似乎持续专注了很长时间，但其实此时的注意力完全是碎片化的，而非长时间的连贯专注。

二、杜绝分心，突破专注力瓶颈

除了学习，生活中还有不少需要专注力的时刻。培养兴趣爱好需要专注力，只有全身心地投入，我们才能不断提高自己的技能水平。哪怕在休闲娱乐的时候，专注力也能增强我们的体验。阅读一本好书、观看一部精彩的电影或者享受户外活动，如果将全部注意力投入其中，我们能更深刻地体验这些美好时光。因此，突破专注力瓶颈，对于每个人来说都非常重要。

专注的力量：集中精力三分钟，胜过心不在焉三小时

当你在课堂上或者书桌前学习时，是否出现过眼睛盯

着书，手中的笔在动，但思绪却飘忽不定，脑海中时不时浮现出与学习无关的事情，注意力很难较长时间集中在学习上。而与班上学习成绩优秀的同学相比，你可能除了学习比不上，智商、情商并不逊色。你的老师也会时不时对你苦口婆心地说："你脑子不笨，但怎么就是不用在学习上呢？"

我们习惯将成绩平平的原因归咎于理解力不足、记忆力差等原因。但其实好学生与普通学生在这些方面的差距不是很大，真正的差别在于好学生通常能够全身心投入学习。他们花半小时学到的知识往往比其他人一两小时学到的还要多。

所以，学习成绩优秀的人，往往专注能力也较强，专注能让我们在处理任务的时候，保持高度集中的状态。这就是为什么你在学习上花的时间不比学霸少，但成绩却远不如他们的原因。专注让你在更快完成学习任务的同时，也能保证学习质量。专注这个能力与学习效率密切相关，即使只有短短三分钟时间，如果我们能够将全部精力集中在学习上，也能取得比分散注意力三小时更好的学习成果。

记得小学六年级，学校重新分了班，班里来了一位语文学得很好的同学。当时一节课四十五分钟，老师一般在前面半小时讲课，最后的十五分钟留给大家整理笔记或者写练习册上的题目。这位同学听课的时候非常专注，后面十五分钟，也全身心地投入到做题中，因此学习效率非常高，经常在课上就能完成老师布置的大部分作业。每次上语文自习课，他总能在短时间内完成所有的作业，然后用剩下的时间画他喜欢的漫画，由于他学习好，老师也会相对宽容，看到他画漫画也不多说什么。

　　我的语文成绩一直处于平均水平，因此我很是羡慕他。有一次，我忍不住问他是否有什么学习诀窍。他说并没有特别的诀窍，他之所以能在语文上表现出色，只是因为对语文这个科目感兴趣，因为感兴趣，所以上课会紧跟老师的讲解，认真听讲，及时完成作业。听到他这个回答，当时的我想他这个人怎么如此不厚道，是不是害怕我超越他，所以不敢分享他的学习秘诀。

　　直到后来，我了解到，当我们专注时，很容易进入一种被称为"心流"（Flow）的状态。"心流"这一概念由匈牙利心理学家米哈里·契克森米哈赖（Mihaly Csikszentmihalyi）在 20 世纪提出，指的是一种高度专注和全身心投入的心理状态。在这种状态下，我们可以深度参与甚至沉浸在学习任务中。

　　处在"心流"状态下的人，通常对周围的干扰几乎没有感知，他们能将全部的注意力聚焦在当前正在进行的任务或活动上。在这个过程中，他们经常忘记时间的流逝，总觉得时间没过去多久，而实际上可能已经过去了很长时间。

高度的专注使他们在完成任务时，常常伴随着较高的愉悦感和满足感，更容易体会到学习的乐趣。这种乐趣又进一步促使他们更容易进入"心流"状态，形成正向循环。

因此，"心流"状态对提高学习效率至关重要。我前面提到的那位同学，语文成绩之所以好，很大程度上是因为对这个学科的浓厚兴趣，所以不自觉地进入了"心流"状态，而"心流"状态下的学习成果自然要比我们这些普通状态的同学出色。

废寝忘食这个成语所描述的也是人们在高度专注下，进入了"心流"状态，因而忽略了睡眠和进食这种日常的基本需求。

《论语·述而》中有这样一段话："叶公问孔子于子路，子路不对。子曰：'女奚不曰：其为人也，发愤忘食，乐以忘忧，不知老之将至云尔。'"这段话翻译成白话就是，"叶公问子路孔子是个什么样的人，子路没有作答。孔子对子路说：'你为什么不这样说，他这个人，发奋努力，连吃饭都能忘记，快乐起来就忘记了忧愁，自己快老了都不知道。'"

这里孔子自述心态，他专注、奋发，常常达到忘我的状态，因而能从学习和各种活动中汲取到无尽的乐趣，以至于忘却烦恼，甚至连自己老了都察觉不到。

专注和"心流"状态对学习至关重要。如果能在学习过程中保持"心流"状态，我们不仅能更快完成学习任务，还能使整个学习过程变得更加有趣、充实，并且充满成就感和满足感。当我们不再将学习视为单调乏味的任务时，也更容易保持学习动力，这有助于我们长期坚持学习。

如何提升专注力：注意力训练

要在学习中迅速进入"心流"状态，需要不断刻意培养。像学习一门新技能一样，"心流"状态不是一蹴而就的，需要一定的时间和努力才能达成。

如果我们在学习过程中有意识地关注自己的专注力，并坚持下去，慢慢就会发现自己能够更频繁地进入"心流"状态。这个过程是一个积极的循环，因为每次进入"心流"状态都会进一步增强我们的学习动力和满足感，从而激励我们更积极地追求这个状态。

那么，该如何训练专注力才能使我们进入"心流"状态呢？可以参考以下建议。

首先，分段学习。美国著名心理学家威廉·詹姆斯（William James）在他的著作《心理学原理》（*The Principles of Psychology*）中探讨了注意力的本质，他指出注意力无法持续无限长的时间，它通常随着时间的推移逐渐减弱。因此，在学习过程中，注意力无法长时间集中，时不时分个心、走个神是完全正常的，不必过于自责或担忧。

基于威廉·詹姆斯的理论，研究发现短暂的休息和恢复时间可以帮助人们保持较长时间的持续注意力。所以，想解决"走神"非常简单，我们只需在一段时间专注学习之后，主动分散一下注意力。

番茄工作法正是基于这一原理出现。它将学习或工作时间划分为较短的片断，通常是25分钟时间工作，然后给大脑5分钟的时间休息。这可以有效避免长时间学习所带来的注意力分散，能保证每一段学习都可以保持较高效率。学校把每节课设置为45分钟，也是出于这个考虑。

对有些人来说，能持续保持十多分钟的专注已是极限，25分钟则是一项艰巨的任务。如果是这种情况，最开始不要对自己过于苛刻，时间稍微短一点也没有关系，在力所能及的范围内，保持尽可能长的时间专注即可。这样坚持一段时间后，你会发现自己可以保持专注的时间变长了。

小贴士

专注期间偶尔走一两次神也是允许的，走神的时候可以稍微换换脑子，然后提醒自己重新进入状态。注意，不要将时间切割得太碎。因为休息之后重新进入学习状态，大脑需要一定的时间重新装载之前的信息。

其次，避免同时进行多项任务。同时处理多个任务往往会分散我们的注意力，因此，一旦制订好学习计划，就要按计划有条不紊地执行，不要试图一心多用。

很多人学习时，一会儿学学这门课，一会儿又学学那门课。这样很容易分散精力，最后导致两门课都没有学好。所以，不要在做 A 作业的时候还惦记着 B 作业，也不要在学习的时候想着玩，然后在玩的时候又担心学习。这样做不仅会导致学得不好，也会让你玩得不尽兴。

更不要一边学习一边搞一些小动作。比如，有些人喜欢在学习的时候转笔或者抖腿，这些看似不经意的动作，其实非常影响注意力，就拿转笔这一行为来说，你思考的同时还要分走一部分注意力来关注笔的状态。

记得上初三之后，学习内容更加复杂，科目也增多了。

　　我晚上回家写作业时，便陷入了不知从哪个科目开始的困境。先写自己喜欢的科目，越往后写就会越懈怠。先写不太喜欢的科目，写作业的积极性从刚开始便会受挫。

　　于是，我自作聪明地想到了一种新方法，那就是打开所有科目的作业册，轮流写作业，写一道语文，再来一道数学，然后是英语、化学、物理等。开始的两三天，我觉得这种方式很有趣，但同时我发现自己完成作业的时间变得更长了。

　　因为当我从一门科目切换到下一门时，大脑里仍然惦记着之前那门科目的内容。比如，刚写完语文，转头写数学时，我的脑海里仍然回荡着语文的内容。写英语时更甚，边写英语边思考前面这道数学题的思路到底对不对，结果正不正确。这种做题方式导致我写作业的时间不断增加，同时分心也让学习效果大打折扣。

　　因此，我没能坚持多久，就切换回了原来的模式，即一段时间内只专注于一门功课，完成后再转向下一门。这种模式不会被不必要的思维转换所困扰，大脑也能更加集中地处理同类信息，进而深入思考问题，减少分心。

　　最后，适当进行正念和冥想。正念（Mindfulness）和冥想（Meditation）是训练注意力非常有效的方式。通过正念和冥想，我们可以更好地体会并接受自己当前的状态与感受，不受它们的干扰，更好地控制自己的思维，减少分心。同时，正念与冥想也有助于减轻压力，增强内心平静，从而保持较佳的学习状态。

正念要求我们做任何事情的时候都要全神贯注、专注当下，不被其他与之无关的事情分散注意力。比如，当我们吃东西时，要关注食物本身，认真品尝食物的味道，而不只是为了填饱肚子随便吃一吃。学习亦是如此，我们要在学习过程中认真思考，保证吃透每个知识点，将知识装进脑袋里，不要被学习所支配。

我大学期间学过一学期生物化学。这门课程涉及的知识点不仅抽象，还很琐碎，小知识点比较多。虽然每次上课老师讲的内容都能听懂，但课下如果问我刚学了什么，大脑则是一片空白，这种状态一直持续到这门课结束。

结课后我们有两周时间用于复习，刚开始复习时，我给自己订的计划是一两天复习一章，复习进度要快一点，这样可以早点结束，结果刚记住的东西，不到半小时就会忘记。这使得我每次一翻开课本，总有种要挂科的恐惧感，复习时也备受煎熬，觉得时间过得很慢。这样的状态持续了一周后我开始慌了，眼看着考试临近，都没记住多少东西。

于是我简单复盘了一下，发现我之所以记不住所学的知识点，是因为我在复习过程中根本没有认真思考、理解所学内容，就好比为了填饱肚子，囫囵吞枣似的吃了一堆东西，没品尝到其中的美味不说，还很难消化。

在后面一周的时间里，我调整了学习计划，不再要求自己短时间内复习完很多内容，而是在理解的基础上，加以背诵，直到能完整复述出所学内容。这样复习虽然表面上进度慢了，但学过的知识都掌握了，实则进度更快。如此一来，原本枯燥的复习也变得有意思了，即使一天多复习几小时我也倍感开心，完全不觉得疲惫。

对于那些没有正念意识的人来说，学习时容易出现心浮气躁、急于求成的现象。他们无法将全部注意力集中在学习上，注意力不仅容易被噪声、手机等外界因素所支配，更容易被内在的心情、情绪所左右。

比如，他们正在学习，但手机突然来了一条新消息通知。由于没有将全部注意力集中在学习上，他们通常会选择看一眼消息，接着回复消息，回复完消息后，还极有可能被其他事情所吸引。这样一来，原本的学习计划被打断，注意力也不再受自己支配；等回过神来，继续学习时，又可能因为刚刚的行为而自责，产生愧疚感，严重影响后续的学习效率。

冥想是一种专注力的练习，它同时也能帮助我们培养正念。冥想一般要求我们在安静的地方坐下或躺下，然后专注于某些能让我们冷静下来的东西，比如呼吸或舒缓的音乐，以帮助我们放松身体，使我们的大脑更清醒、更平静，减少情绪、压力等内部干扰，提高专注力。

那么如何在日常生活中进行正念和冥想训练呢？以下建议可供参考。

预留适当的时间。最好在一天中固定的时间进行冥想和正念练习，这样更容易坚持下来，养成习惯。具体时间可以根据自身情况灵活安排，比如早上醒来后、大课间休息时或者晚上入睡前。练习不需要太长时间。即使只有短短几分钟，也可以带来积极的效果。

找一个安静的地方。练习的时候，尽量选择一个安静、不易受外部干扰的地方，以保证在后续的练习中能集中注意力。在家里，你可以选择卧室、书房或者客厅；在学校则可以选择少有人经过的宁静小道，静谧的角落也是不错的选择。

开始正念、冥想练习。正念要求我们做任何事情时都全神贯注，专注于当前瞬间的经历。这意味着，我们可以在日常生活的各个活动中进行正念练习。无论学习、进餐、洗澡，甚至是走路，我们都可以提醒自己只关注当下的感受、情绪和思维，不被外界的干扰和琐事所牵动，也不要对自己以及周遭的人或事物进行任何判断或批评。

冥想则可以找一个舒适的坐姿，闭上眼睛，专注于自己的呼吸。通过深呼吸放松身心，并将全部注意力集中在呼吸上。如果出现分心，不必自责，只需轻轻提醒自己，将注意力重新集中在呼吸上即可。通过冥想，我们可以慢慢放松身体和思维、稳定情绪、减轻焦虑，帮助大脑更好地专注于当前的任务。

小贴士

初学者可以使用冥想、正念的应用程序或音频来引导练习，熟悉一段时间后，可以逐渐减少对外部指导的依赖，自主进行练习。

三、保持专注力的好习惯

生活中并非只有学习这件事需要我们集中精力，保持专注，还有许多其他活动同样需要我们保持较高的专注力。因此，专注力训练需要渗透到生活的方方面面。而远离诱惑源、拒绝焦虑、化压力为动力等习惯有助于我们长期保持专注。这些习惯不仅仅可以让我们在学习时受益，还能为我们带来更充实、更有意义的生活。

远离诱惑源

相比我上学那会儿，现如今的学生所面对的外部干扰越来越多。网络小说、手机、游戏机甚至电话手表等各种小玩意，都可能在不经意间将你带入漫长的消遣之中。要知道我们面对的可不仅仅是机械设备，而是基于人工智能技术的高级算法。因此，千万不要高估你的控制力，认为自己在面对这些诱惑时可以丝毫不动心。

即使你清楚地知道，自己容易受外界的干扰，比如爱吃的零食，嘈杂的声音，手机、游戏机等电子设备，这些会是你学习路上的绊脚石，会严重影响你的学习进程，但你仍然很难控制住自己不去碰它们。所以，学习的时候，最好主动远离这些干扰，从源头上把它们解决掉。

如果你喜欢在学习时吃零食，那么最好的应对方式就是学习的时候，书桌上不要摆放任何吃的东西。有些人习惯学习时在旁边放一些零食，一边学习一边吃，有些家长甚至会在孩子学习时送来果切。吃东西很容易分散注意力，尤其是一边学习一边吃东西。当然，最好也不要在写作业的间隙吃东西，因为有时候吃完会意犹未尽，一直想着食物的美味，这非常影响后续的学习。

　　对于嘈杂的声音，你可以选择在图书馆这类相对比较安静的地方学习。如果家附近没有图书馆，在家学习不得不面对噪声的话，可以考虑使用耳塞。至于手机、电话手表等电子设备，最好在学习时将它们设为勿扰模式，并放在你视线之外的地方，或者委托你的家人、朋友暂时帮你保管。

　　我有个学生，写作业的时候总是忍不住看几眼手机，这一行为严重影响了学习。于是我建议他写作业的时候，将手机放在别处。他照我的建议做了，但随之出现了新的问题，那就是尽管手机不在身边，但他总是惦记着手机，生怕错过了什么重要的消息。

　　因此，每隔十多分钟，便不受控制地跑去检查是否有新消息。这其实完全没必要。要知道我们日常收到的消息，并没有那么重要，很多消息甚至隔几天再回复也不会有太大问题。相比之下，学习才是更重要、更紧迫的事。所以，我们不仅要在物理层面远离干扰源，在心理上也要做到主动隔离。

　　当你在物理层面远离干扰源后，接下来的挑战便是克服心理上对这些干扰的依赖。尽管你已经远离了这些干扰，但手机里的消息、社交媒体的通知以及游戏的诱惑可能仍在你的脑海中挥之不去。

　　为了减少查看手机的次数，你可以设定固定的消息回复时间。这样一来，在这个时间之外，你就不必再纠结任何手机消息了。

同样，如果你希望减少学习过程中对游戏的欲望，可以设定合理的游戏时间，或者根据学习完成情况奖励自己适当的游戏时间。这样坚持一段时间，你将逐渐培养出更强的抗诱惑能力，进而能更好地保持专注。

但要注意游戏奖励时间的设置，要避免道德许可效应（Moral Licensing Effect），即用上一个道德的行为来"许可"自己之后可能会做的道德上不那么正当的行为。例如，有人会在锻炼身体之后，暴食高热量、不健康的食物，因为他们认为自己已经进行了锻炼，所以可以用高热量的食物来奖励自己。

你可能并没学多长时间，但为了犒劳自己，你决定先玩会儿游戏，结果却停不下来了。等游戏结束后，你发现已经过去了半个小时。这个时候，你的精神有所松懈，再次进入学习状态可能需要花费很长时间。

小贴士

奖励时间不仅要适量，而且最好将奖励安排在所有学习任务完成之后。

拒绝焦虑，停止精神内耗

焦虑是导致注意力分散的常见因素之一。当我们为考试等即将来临的重要事项感到焦虑或担忧时，大脑往往难以集中精力。因此，减轻焦虑也是保持专注力的关键。

然而，现实生活中引发焦虑的事情似乎越来越多，稍不留意，我们便会陷入焦虑的旋涡。尤其是中小学生，他们不仅要面临繁重的学业任务，比如课堂作业、考试、竞赛等，可能还要面临参加各种课外兴趣班、课外活动，有些甚至还有着与同学相处方面的社交压力。

他们会担心自己能否应付所有的学科，能否在考试中取得好成绩，或者适应同学之间的竞争。这些担忧通常会带来焦虑的情绪，加上他们年纪尚小，经历较少，更容易感到力不从心。这种状态会导致注意力难以集中，进而影响学习效率，久而久之还可能造成学习动力下降。针对这种情况，可以运用前文提到的正念和冥想练习来缓解。

除了自己会引发焦虑，有时候身边的人，比如家人和同学，也会成为你的焦虑制造者。来看我自己的亲身经历吧。

上学时我的状态还可以，但我的父亲很容易焦虑，只要事情没按他预期的发展，接下来几天的时间里，他都将愁眉苦脸、沉默寡言，直到事情出现转机。

我觉得一次没考好没什么大不了的，只要接下来查缺补漏，补上短板就行。但我父亲不是这么想的，他会在我没考好的时候咬牙切齿，一副恨铁不成钢的样子。这就导致我每次考试前压力都很大，甚至有几次焦虑得睡不着觉，而我只要睡不好，第二天的考试必定会发挥失常。直到离开家去了别的城市上大学，这种状态才得到缓解。

后来，我才知道我的经历属于典型的焦虑传递现象，这一现象往往发生在彼此很亲近的人之间。这种焦虑情绪的传递对学生的影响较大，特别是在应对学校考试时，学生本身已经倍感压力，这个时候如果还要承受来自家庭负面情绪的影响，必将带来不好的结果。

要解决这一问题最简单的方法就是远离焦虑制造源，比如我上大学后焦虑得到了缓解，很大程度上就是因为地理距离使得我脱离了焦虑源，因而能集中精力应对考试复习，在考试中发挥出自己的正常水平。

对中小学生来说，暂时还无法脱离父母独立生活。在这种情况下，要先意识到焦虑能带来不良影响。但制造焦虑的一方，往往难以认识到自己的问题。这时候就需要我们采取适当的方法帮他们认识到自己的问题，比如换位思考或者进行角色互换的情景模拟。

　　换位思考是改善家庭关系常用的工具。它要求家庭成员站在对方的角度思考问题，进而更好地理解对方的情绪和立场。对焦虑的父母来说，通过换位思考，设身处地考虑孩子的感受，能更深刻地体会到自己给孩子带来的负面影响。

　　除了换位思考，另一个更加有效的方法是父母与孩子进行角色互换的情景模拟。父母和孩子互相扮演对方的角色，模拟考试前后等不同情境下的互动，以帮助双方更深入地理解彼此的感受和需求。

　　当家庭成员通过换位思考或情景模拟相互理解后，就可以开始着手改善沟通方式。此时，建立开放和尊重的沟通渠道最为关键。在沟通中，父母必须确保孩子敢于充分表达他们的感受和需求，父母应倾听并尊重孩子的想法。

　　除了父母传递的焦虑外，同学之间也常常相互传递焦虑。尤其是初高中竞争比较激烈的阶段，在激烈的竞争中，我们往往会不自觉地卷入到与他人的比拼中，大家喜欢比较彼此的学习进度、作业完成情况、练习题难度、学习成绩等。

　　要知道适度的竞争对学习有益，但是物极必反，过度关注他人的学习情况，反而容易引发焦虑情绪。如果你在学习时总是关注竞争对手，关心他们的进度，这会让你无法专注、紧张不安。

在学习过程中过度关注他人，仅仅以超越他人作为学习目标，容易导致对自身兴趣和需求的忽视，严重的话会丧失对学习的热情，得不偿失。而且，在学习中稍有懈怠，便会担心落后于他人，出现自责等一系列负面的情绪，会让学习过程变得更加疲惫。

小贴士

时刻提醒自己，学习不仅仅是为了取得更高的成绩和更靠前的排名，更是为了自我提升。每个人都有自己的学习节奏和学习方式，我们不必时刻与他人比较，也无须将自己的注意力过多地放在与他人的竞争上。相反，我们应该将焦点放在与自己的比拼上，关注自身的进步，争取每天都比前一天更好。

化压力为动力

人无压力轻飘飘，井无压力不出油。人一旦缺少压力就容易不思进取，产生消极懈怠的情绪，但压力大了又容易承受不住，所以压力也并非越大越好。

压力通常是我们无法应对环境要求时所产生的反应，

比如面对更高的学习挑战、父母老师较高的要求或重要的考试等。

作为学生，压力是我们学习过程中不可避免的一部分。当我们不能很好处理压力时，压力带给我们的不仅是心理层面上感受的变化，比如情绪不稳定、紧张、担忧、焦虑等，还会对我们的生理健康产生负面影响。当我们感受到压力时，身体会释放肾上腺素和皮质醇等激素，这些激素的分泌会带来心跳加快、呼吸急促、肌肉紧张和注意力难以集中等身体不适。如果我们能处理好压力，将压力视为潜在的动力，便能更好地集中精力应对学习中的各种挑战。

早在 1908 年，心理学家罗伯特·耶克斯（Robert M. Yerkes）和约翰·多德森（John D. Dodson）提出了压力绩效曲线，如图 5-1 所示。压力绩效曲线接近"倒 U 形"，这意味着，当压力处在较低的水平时，随着压力的增加，业绩表现（学习效果）会随之提高。

这是因为在刚开始面临压力的时候，任务难度一般相对我们当前的能力水平不会太高，我们本能地愿意付出更多时间、精力或是资源，去够一够这个付出便极有可能达到的高度。这时候我们往往愿意化压力为动力，努力进行自我提升。

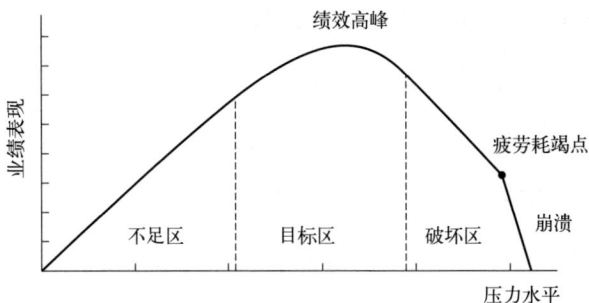

图 5-1　压力绩效曲线

　　这一阶段对应图 5-1 中的不足区和目标区，尤其在不足区，任务难度往往较小，伴随的压力也就不太大，这时候我们提升业绩表现的动力较足。目标区任务难度一般较不足区大，带给我们的压力也随之增加，但有了不足区的突破，在目标区的我们状态仍处在较佳水平，业绩表现也将达到最高点。

　　然而，随着外界压力持续增加，我们即使努力了，能力水平也不见提高，这就是遇到了我们经常提到的瓶颈期。在瓶颈期，我们发现自己在学习上没有进步和提升，于是开始怀疑自己的能力和价值，面对学习压力不再有刚开始的兴奋感和挑战感，进入了学习的倦怠期。

　　当我们的水平无法继续提升，而外部压力继续增加时，随着压力水平的提升，我们的身体和心理往往会做出过度反应。过度反应使我们难以静下心来专注学习，注意力持续时间也随之变短，甚至出现睡眠质量下降、情绪难以自控等情况。这一系列问题将导致我们做题时没有思路、犯一些低级的小错误甚至无心学习。

高三的时候，学习压力比较大，班里不少同学出现了睡眠障碍，我也不例外。那会儿白天上课时大脑昏昏沉沉，打不起精神。晚上躺在床上，虽然身心疲惫，但大脑却异常亢奋，想睡也睡不着，好不容易睡着了有个风吹草动立马会惊醒。实在睡不着时，我会回想白天的上课内容，结果这导致醒来后精力更难以恢复，感觉更累了。

当时不像现在，学校里没有专业的心理辅导老师，出现这种情况只能自己克服，或者寻求班主任老师的帮助。

那时的我一度将自己归为睡眠本来就不好的那类人，直到有次周末去我舅舅家。西北的农村冬天都会烧炕，我前一天晚上睡得不好，所以同往常一样白天又困了。当时大家都在房间里聊天，我平时对睡眠的要求比较高，即使安静的环境下也难以入睡，所以就想在炕上躺一会儿，睡不睡得着都无所谓。但没想到的是，我竟然在嘈杂的环境中睡着了，而且睡得很香。醒来后那种精力被重新注满的感觉，直到现在我仍记忆犹新。

后来，入睡前我不再想白天在学习上的任何事情，也不再担心因为睡眠不好会影响第二天的学习。我开始想象自己是在舅舅家，只是累了，需要躺下来歇一歇，这样想每次我都能很快入睡。

所以，当出现睡眠问题的时候，不要单纯认为它仅仅是睡眠问题，要自查一下是不是压力大导致的。如果是，则需要主动排解压力，或者寻求心理老师的帮助。

随着压力水平进一步增加，当其越过疲劳耗竭点后，我们将面临生理和心理上的双重崩溃，相比破坏区第一阶段，该阶段学习效果下降更快。这是因为该阶段身体健康出现了问题，体检时会出现不正常的指标，比如心脏方面的疾病、糖尿病、高血压等，此时身体上的不适会让我们难以维持较佳的学习状态，建议寻求专业医生的治疗。

根据压力绩效曲线，我们想达到最佳学习效果的话，需要将压力控制在合理的范围内，也就是说，让压力水平处在曲线中的目标区。在目标区压力水平适中，且业绩表现处在高位。绩效高峰对应的压力水平是我们压力管理的目标，在这一压力水平下，业绩表现最佳，对我们来说，是性价比最高的压力值。

那么如何将这一理论应用于化压力为动力的实践中呢？以下建议可供参考。

明确个人压力绩效曲线，找到理想压力水平。每个人的性格、能力以及经验不尽相同，承受压力的能力也不相同。因此，压力绩效曲线中目标区、绩效高峰、疲劳耗竭点等对应的压力水平也会因人而异有所不同。除此之外，压力绩效曲线的形状和位置也会因不同任务和情境产生差异。某些高难度的任务通常需要更高的压力水平，而一些简单的任务则在较低的压力水平下便能获得最佳绩效。

因此，不同情境、不同难度任务的个人压力绩效曲线可以帮助我们找到不同学习环境和任务的理想压力水平，充分发挥个人能动性，提高学习效率。具体可以通过以下两步来实现：

第一步，进行自我观察。我们总是想当然地以为自己是最了解自己的人，然而事实并非如此。我们心里所想的、嘴上所说的、行动所表现出来的有时会不大一样，所以如果不刻意观察、感受、琢磨，大多数人并不清楚自己当前的压力状况，他们往往身处高压，且并不自知。

我当老师的第一年，在我带班级考试前的一个月，我的胃开始不舒服。在此之前我自认为自己的消化系统很强大，偶尔还会嘚瑟自己是铁胃。去医院做检查，各项指标也都正常。医生说我的身体不适是因为压力大造成的。可是当时的我并不觉得自己压力大，还跟医生辩白自己没什么压力。但当班级考试结束后，我整个人都放松下来，身体的不适感也随之消失时，我才慢慢反应过来，医生说得确实没错。因为当时我刚做老师不久，所以总担心自己做得不到位，或者有什么疏忽，精神一直处在比较紧绷的状态。

为了避免以上情况的出现，在平时的学习过程中，我们可以从旁观者的视角观察自己在不同压力水平下的学习情况，重点关注学习效率、情绪状态、焦虑水平和身体健康等因素，必要的时候，可以在本子或者手机应用上做好相应的记录。

第二步，进行调整并做出评估。我们可以把自己当作试验对象，在完成某项学习任务的时候，首先确定任务的难易程度，具体可以将其大致划分低、中、高三个等级。

划分好等级后，再创造一个平时比较容易产生压力的情景，比如想象自己一周后即将参加考试，并记录该情境下的学习绩效。学习绩效可以使用完成学习任务所需的时间以及对知识掌握的熟练程度来衡量。试验最好选择容易衡量成效的学习任务，比如做测试卷或者练习题，这样可以直接用测试成绩或者题目正确率作为衡量知识掌握程度的指标。

接着逐步增加或减少学习压力，比如设置考试时间提前或者推后的场景，同样做好记录，观察学习绩效如何随压力发生变化。不断调整并做好自我评估，以找到最适合自己的压力水平。在这个过程中也可以多找同学、老师或者家人交流，获取他们的观点和反馈，这样能更好地帮助我们确定理想的压力水平。

管理压力源，确保压力处在目标区。压力过高或者过低时，绩效水平也都处在比较低的位置，最佳的做法是将压力水平保持在上一步确定的理想压力水平。因此，做好压力源管理，减少不必要的压力是保持理想压力水平的关键，具体可以参考以下策略。

首先，减少时间压力。当我们面对紧迫的截止日期和学习任务期限时，不可避免地会感到时间上的压力。时间紧迫常常会导致我们的决策能力下降，容易在学习中出现错误和疏漏。此外，时间压力也往往伴随着焦虑、紧张和不堪重负这样的情绪。时间管理的重要性不言而喻。

然而，现实中很多人习惯卡在最后的截止期限前完成学习任务，一旦好几门课程的最后截止期限很接近时，拥挤的日程安排会导致时间压力进一步增加。因此，学习任务安排下来之后，我们应尽可能早地着手规划，制定明确的时间表，合理分配时间，避免不必要的时间压力。有序的时间安排，能使我们更好地集中精力，提高学习效果。

其次，拒绝完美主义。过分追求完美也是导致不必要学业压力的主要原因之一。我们常听老师、家长告诉我们勤能补拙、笨鸟先飞。所以，总有些人认为自己不够聪明，需要付出更多努力。即便他们在学习上已做得足够好，也取得了良好的成绩，他们仍然会觉得自己做得还不够，怀疑自己还有未掌握的知识。这种自我挑剔使他们总对自己的表现感到不满，持续的自我怀疑、自我否定，甚至自我批评，导致了压力的不断升级。

对于这些人来说，想要减轻完美主义所带来的压力，必须先学会接受不完美，摒弃对完美的执着追求，不过分苛求极致的努力。

小贴士

学会享受学习过程的同时，也要懂得休息，避免大脑长时间处于紧绷的状态。可以定期进行自我肯定，经常性暗示自己，所有的努力都是有价值的。以成长的心态和轻松的态度面对学习中的各种挑战。

最后，避免盲目参与过多课外活动。参加课外活动，比如兴趣班、研学、比赛等，不仅可以丰富校园生活，也能扩展才艺和技能，因此不少人热衷于此。尤其那些望子成龙的父母，休息日给孩子安排了不少兴趣班，孩子连喘气的机会都没有。

实际上，适度的课外活动，有助于排解学习压力，但过度参与反而会导致学生的注意力分散。有些学生或者家长对课外活动也有极高的要求，这将进一步增加学习的压力。

小贴士

　　课外活动不要排得太满，应该多关注自身，如果学习已经很累了，应直接选择休息。可以退出一些不感兴趣的活动，不要因为别人参加了，就觉得自己也非参加不可。家长们有时因为盲目攀比，会报一堆孩子根本不想去的兴趣班，这种情况孩子一定要跟家长积极沟通。

　　锻炼身体和大脑，使疲劳耗竭点右移。美国一位作家曾在一本书中写道："吃得好，睡得好，每天有足够的时间锻炼身体和大脑的人，更容易承受住压力，注意力也更容易集中。"前文我们也提到了大脑在疲惫的状态下学习效率更低，睡眠充足对缓解大脑疲劳至关重要。

　　此外，每周适量的体育锻炼也是关键。良好的身体素质能使疲劳耗竭点右移，提高我们对压力的耐受水平。体育锻炼并非一定要去健身房，在家中做一些有氧运动即可，比如跳绳、慢跑、球类运动等。

　　有氧运动不仅可以让氧气更好地输送到大脑，提高大脑的氧合水平，使之更加灵活，还能释放多巴胺给大脑带来愉悦感和满足感，从而改善心情，有效减轻焦虑和压力。

第六章

选对方法，从此爱上学习

　　我们习惯将学习的重点放在学科内容的掌握和应试技巧的提升上，忽略了适合自己的学习方法才是学习制胜的法宝。在学习的过程中我们总会遇到各种各样的困难，比如目标不明确、注意力无法集中、任务繁重无从下手、知识点太多记不住、问题复杂难以解决、知识不成体系等。本章将介绍一系列行之有效的学习方法，帮助大家解决学习过程中出现的各种问题。

一、三大效率提升法宝

　　针对目标模糊的问题，我们可以选择使用 SMART 目标法。SMART 目标法告诉我们如何制定具体、可衡量、可实现的目标，使每一个目标都更加清晰明确。任务太多无从下手这一问题可以借助四象限法则来解决。四象限法则作为排序多重任务的有效方法，可以帮助我们在琐事和重要任务之间取得平衡，以更好地管理时间。注意力无法集中会严重影响学习效率，通过番茄工作法合理安排学习和休息时间，能有效解决学习时三心二意的问题。

SMART 目标法：如何立切实可行的目标

　　我们设定过很多目标，但最后能成功实现的却寥寥无几，这是为什么呢？

　　很大程度上是我们设立的目标太难实现了。每到年底，社交媒体上便有人晒年目标完成度。比如，原计划每

天背 200 个单词，结果是划掉一个零还差很多；原计划 22
点上床睡觉，结果 22 点上床的次数寥寥无几，更别说睡觉
了；还有减肥 20 斤，最后变成增重 20 斤……

之所以出现以上情况，是因为我们在设立目标时会犯
一些自己都意识不到的错误，比如不符合自身情况、盲目
跟风、过于理想化、不易执行等。这样一来计划很容易变
成遥不可及的美好愿望，也就违背了我们当初设定目标的
初衷。

那么如何设立切实可行、可以实现的目标呢？我们可
以借助 SMART 目标设定原则，这一原则最早由美国管理
学家提出，作为解决问题的工具，可以帮助我们明确目标
并实现目标。如图 6-1 所示。

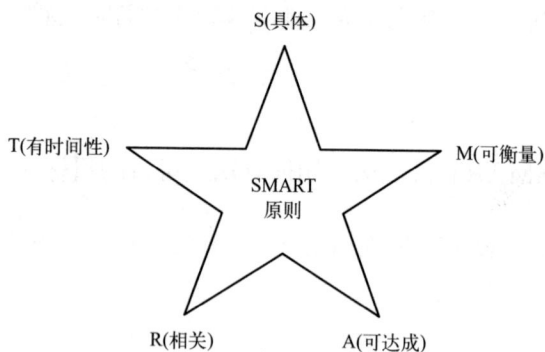

图6-1　SMART 目标法

SMART 原则中的 SMART 不是"聪明"的意思，而是五个单词的首字母组合，这五个单词分别为 Specific（具体）、Measurable（可衡量）、Attainable（可达成）、Relevant（相关）和 Time-Bound（有时间性）。

具体，要求目标设定明确且具体，不能是宽泛或者模糊的。比如快考试了，你下决心早点复习薄弱的科目。你的目标不能仅仅是"停止拖延，开始备考"，而要有明确的目标，比如熟练掌握该门课程中的高频考点。虽然这个目标还是不够明确，但我们可以进一步确定这一目标具体如何实现，比如每天做一套试卷，发现薄弱点并总结错题，有针对性地对其进行提升。

可衡量，要求目标能够量化或测量。以便确定是否达到目标。比如想减肥，不能仅仅是我要减肥，而是要明确各阶段减重多少千克。备考也是一样，我们的目标应该易于衡量，比如通过一轮时间的复习提高多少分。

可达成，要求目标是可行的，对当前的我们来说是可以实现的，而不是遥不可及的，也就是说目标设定不能过于宏大，要结合自身情况来定，确保依靠自身的能力和现有的资源可以实现目标。

例如：想一周提高二三十分比较困难，也难以实现，但一周提高 5 分还是可以实现的。如果目标定得太大，难以实现，则会带来严重的挫败感，更有甚者会让人产生放弃的念头。而小目标相对容易实现，成功的喜悦带来的正向反馈会促使你持续学习，甚至对学习"成瘾"。

相关，要求目标与主要目标或者其他目标具有相关性。如果某一目标与其他目标完全不相关，或者相关度很低，那么即使实现这个目标也没多大意义。

假设你想提高数学成绩，于是你将强化对数学基础知识的理解作为其中一个子目标。虽然"学会如何画水彩画"是一个有趣的目标，但与此时的主要学习目标不相关，即使实现了这个目标，也不会对提高数学成绩产生直接影响。相反，"每天完成一定数量数学题目的练习"会直接提高对数学基础知识的理解和掌握，从而有助于实现提高数学成绩这一主要学习目标。

有时间性，要求目标有明确的时间限制，比如截止日期或计划进度表，这样可以有效防止拖延。

我需要备课的时候，通常会要求自己立马开始，并在两小时内完成。如果没有时间限制，我可能会将这项工作拖到晚上才做，在备课过程中也容易受外界干扰。相反，如果有时间限制，我会更加专注于当前的任务，并在最快的时间内完成。

　　学习备考也是一样的，如果你打算备考，想先制订计划复习一遍教材上的内容。如果你的计划只是单纯"复习一遍教材内容"，那么你可有的拖了，但加上时间限制，比如"在本周末之前，完成对教材内容的第一遍复习"，你就清楚需要在截止日期之前完成复习，从而更好地规划学习时间，避免拖延的同时可以更有效地利用时间，提高复习的效率。

　　具体如何使用 SMART 目标设定原则制定目标，可参考以下步骤。

　　明确目标：明确定义要实现的目标，可借助问题分析工具"5W1H"。"5W1H"即五个"W"一个"H"，分别代表着由 Who（谁）、What（什么）、When（何时）、Where（在哪里）、Why（为什么）和 How（如何）这六个词所构成的问题。

　　即弄清楚以下问题：这个目标是谁来完成？目标是什么？什么时候开始？在哪里完成？为什么重要？如何实现？上述六个问题可以根据具体目标进行调整，也并非每个目标都要考虑这六个问题。比如学习一般有固定的场所，"在哪里"一般不需要考虑。

　　量化目标：使用量化指标衡量目标。例如，如果目标是背英语单词，可以设定具体的数量；如果目标是刷题，可以设定题目的数量；如果目标是提高成绩，可以设定具体的分数。

评估可行性：评估目标是否可达成。在综合考虑可投入的时间、当前的水平、学习能力等要素之后，如果发现目标可行性不高，则需要调整。

确定关联性：确保目标与其他目标相关。目标要与大目标方向一致，不然会分散注意力。

设定时间：设定目标的截止日期。截止日期的设定要结合任务的难度，保持适当的紧迫感即可，时间过长容易散漫，时间过短则会带来压力。可以结合以往经验，设定合理的时间限制，保证高效完成任务。

小贴士

如果你的目标是提升英语成绩，你的 SMART 目标可能是这样的——在下个学期期末之前（时间性），通过每周完成三份阅读理解练习（可衡量和具体），将阅读正确率从 70% 提升到 80%（可衡量和可达成），从而提高英语成绩（相关）。

四象限法则：轻松排序多重任务

我们每天只要一睁眼，便有各种任务等着处理。有些人在面临多个任务时，能做到游刃有余，轻松应对；而有些人面对繁重任务时则束手无策。后者往往只盯着眼前的紧急任务，而紧张催生的压力容易让人陷入急躁的情绪，进而影响任务进展。过度关注紧急任务还会使人们忽略那些虽然不紧急却更重要的任务。

刚上高一时，我们所学的科目较多，难度也比初中大。一到周末各门课程的作业堆积如山，压得人喘不过气来。一整天的学习结束后，总让人感到时间不够用。

记得国庆长假期间，前面几天我光顾着玩，作业没完成多少。等假期还剩两天的时候，我才开始慌了，因为我发现还有数学、英语、化学、物理、地理的作业要完成，而且假期结束后没几天又将迎来数学月考。

面对这么多学习任务，我觉得自己无法按时完成，于是悔恨没早点规划，早点开启各项任务。后来决定先处理截止日期最近的作业，开始匆忙做化学、物理和地理作业。

但心里却总是担心其他科目的作业和考试，焦虑的情绪使得我在处理作业时很难集中注意力，因而效率很低。吃过午饭也无法安心继续学习，感觉大脑转不动了。

于是干脆不学了，休息了一会儿后，想着既然学不进去就干脆做一下第二天的任务，把不紧急但更重要的数学拿了起来，并给每项任务设置了一个截止时间，确保有足够的时间来完成每一项任务。最终这一天结束时，我不仅完成了所有的作业，还复习了数学。

通过这次经历，我发现一味应付紧急任务，会导致任务完成质量下降，而简单的计划和优先级设定则对任务完成事半功倍。

四象限法则作为时间管理工具，可以帮助人们确定各个事项的优先级，进而有效规划并管理任务。它以重要性和紧急度为坐标分出四个象限（图6-2），分别是紧急且重要、重要但不紧急、不紧急且不重要、紧急但不重要。

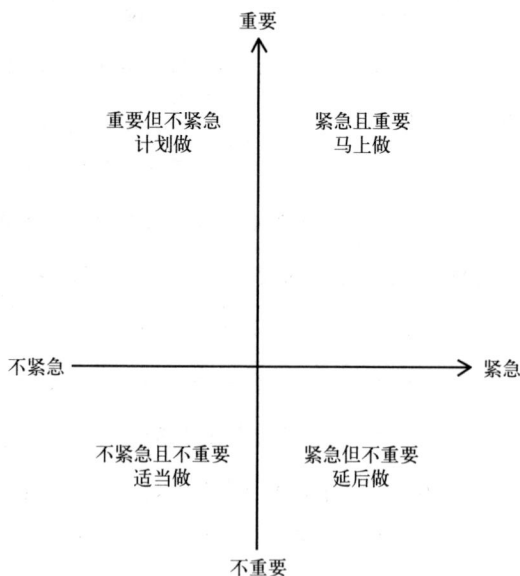

图6-2   四象限法则

　　紧急且重要（第一象限）：这些任务通常是紧急问题、突发事件或期限将至的任务，它们对目标完成至关重要。因此处理这些任务是当务之急，应当马上就做。

　　比如，考试前一天发现有一些重要概念还没有掌握，这就是一个紧急且重要的学习任务。尽管你可能有其他计划或者想做其他事情，但是因为考试的紧急性和重要性，你需要立即放下其他事情，集中精力攻克这些概念。

　　重要但不紧急（第二象限）：这些任务一般是计划要完成的事项、预防性的工作、有助于个人能力提升的活动，对长期目标有重要影响，但并不需要立即处理，可以预留充足的时间进行准备。

　　但由于这些任务虽然重要，但不紧急，所以很容易被我们所忽视。这就将导致这些任务被拖延、堆积，最终挤进第一象限，使学习压力陡增。所以，虽然这些任务并不紧急，但仍需要给予充足的时间。

　　比如平时学习中的定期复习，虽然该项任务对参加考试这一长期目标非常重要，但因为距考试还有一段时间，因此不需要立即处理。但其对知识掌握、参加考试都很重要，应在每周安排一定的时间复习。

　　不紧急且不重要（第三象限）：这些任务通常是一些无关紧要的事情或者消遣的活动，属于既不紧急也不重要，对目标达成影响较小的事项。就像玩游戏、刷短视频、刷微博等，这些活动虽然很吸引人，但它们会分散我们的注意力，进而影响学习。因此，应尽量减少在这些事情上花费时间，休闲时间可以适当做一做，但不要沉迷其中，在关键时刻直接放弃即可。

紧急但不重要（第四象限）：这些任务通常是他人提出的请求、日常琐碎事务等，可能需要你立即处理，但并不会影响你的长远发展，因此这类事项可以延后做甚至委托他人来做。很多人倾向将紧急事项和重要事项等同，这是不对的，应严格区分。

比如帮助同学解决学习中出现的问题、整理书桌等，这些任务看似需要立即处理，但它们对长期学习目标的达成没有太多直接帮助。花费过多时间处理他人的请求反而可能会影响你自己的学习进度。因此，可以分配适当的时间来处理这些事项，但不要将它们视为优先任务，要确保不牺牲自己的学习时间，可以在空闲时间或者休息时间来做。

四象限法则虽然看似简单，但刚开始接触可能对如何正确使用这一法则有疑问，下面我们来一起看一看我使用四象限法则时的步骤。

第一步，列出任务。列出所有要完成的任务，每行一个，随想随写，可以是学习上的任务，也可以是日常生活中的待办事项。列任务是理清头绪的过程，要确保不遗漏任何一项重要的事情，尤其是备考、作业提交等事项。

此外，与学习相关的任务要详细一些，可以具体到各门课程的作业、阅读计划、定期复习等。生活中的琐事则可以简单概括，例如购物清单、家务安排等。安排的任务通常要在当天完成，因此要充分考虑时间和精力，不要过度填满日程，要留出足够时间应对意外情况。

第二步，划分象限。根据四象限原则将各任务按紧急性和重要性划分到四个象限。这里要注意，对任务的紧急性和重要性要有清晰的理解，不要只看任务表面上的紧急性，还要综合考虑任务对长期目标产生的影响。

优先处理第一象限中紧急且重要的任务；然后处理第二象限中虽然不紧急但重要的任务，以避免将来变成紧急任务；接着处理第四象限中紧急但不重要的任务，这些任务也可以委派给他人或者推迟处理，以免干扰其他重要事务；最后处理第三象限中既不紧急也不重要的任务，如果时间、精力有限，这些任务可以放弃。

第三步，跟踪并调整。随着时间推移，任务的重要性和紧急性可能会发生变化，因此，做完的任务要及时划掉，并根据需要调整剩下任务的优先级。

小贴士

使用四象限原则时，要避免过度关注第一象限。过度关注可能会导致对长期规划和重要项目的忽视。要确保处理第一象限任务的同时，给第二象限中的任务留出足够的时间和精力。

番茄工作法：杜绝写作业时的三心二意

相信大家都有过如下经历：在学习的时候想着娱乐，想着我如果可以打游戏、刷短视频多好；而在娱乐的时候，想着我如果现在去学习岂不是更好。这样一来，什么都做不好，玩得不尽心，学习也不专注。

还有一种情况就是拼命学习，停不下来。其实，这样也不好，因为这将导致压力系统一直工作，大脑的思考系统会受影响，甚至破坏生物钟，造成神经衰弱，从而使学习充满焦虑，灵感荡然无存。无视休息只会导致学习动力的丧失。所以该学习时好好学习，该玩的时候尽情玩才是最好的。

除了以上这些，很多人在学习中存在的最大问题就是拖延。假如现在是国庆假期的最后一天，你还有许多作业没完成，相信你这个时候一定会尽其所能地疯狂赶作业。

但如果国庆假期从头再来，也就是说还有一周的时间假期才结束，同样有一堆作业没写的情况下，你又会怎么做？我猜你大概率会觉得反正假期才刚开始，还不着急，先好好玩两天再写。

为什么作业完成期限改变后，我们会将任务拖到后面再做？因为拖延。人总是倾向选择做对自己来说比较容易的事情，所以当时间比较宽裕时，遇到棘手的题目时，就会不想写了，会想先放一下，或者想我今天也写了点了，应该去玩会了。

结果作业一拖再拖，直到临近截止日期的紧迫感来袭，才不得已疯狂找补。之所以会出现拖延现象，很大程度上是因为缺少每项任务的最后期限。所以，为每个任务设置期限是解决拖延的良方之一。

番茄工作法作为一种时间管理方法，是将工作时间划分为一个个较短的时间段，其特点是在高效工作和主动休息之间进行交替，并为每一次学习设置一定的时间限制。这种方法符合学霸的学习模式，即"持续高度专注＋主动休息＋有限时间＋循环往复"。

这种模式能有效避免长时间连续工作带来的疲劳和注意力下降，而且随着专注力提升，甚至有可能达到前文提到的"心流"状态，从而保持高效的学习工作状态。

番茄工作法中一个工作学习的时间段为一个"番茄时间"，一个番茄时间通常为 25 分钟。番茄工作法有效的原因在于一个番茄时间是完整的单位，不能再被分解，也就是说不存在 0.5 个番茄钟、1.3 个番茄钟、1.6 个番茄钟的说法。

前面章节也提到过此处的 25 分钟是参考时长，具体多长时间需要根据自己的学习耐力来设定，有些人可以集中精力 35 分钟，而有人也许仅能集中精力 15 分钟。按自己的情况进行设定，这样我们一旦到了疲劳的边缘，就可以立马休息。

一个番茄时间结束后的休息时间为 5 分钟。4 个番茄时间结束后，可以稍微延长休息时间，通常为 15 ~ 30 分钟。有些人可能刚开始精力比较集中，选择跳过了中间的休息时间。这样做有些得不偿失。就好比喝水，等口干舌燥的时候再喝，无法立即解决身体的需要，而应在口渴之前主动补充水分。由此可见，番茄工作法制胜的关键在于平衡学习和休息时间。

那番茄钟工作法如何用于学习？简单来说，给每个学习任务分配一定数量的番茄钟。例如，背英语单词 1 个番茄钟，完成数学作业 2 个番茄钟。具体包括以下几个关键步骤：

确定任务： 首先制订学习计划，以确定学习任务。学习任务排序可使用前文介绍的四象限法则。其中单个任务可以在一个番茄时间内完成，也可以在多个番茄时间内完成。如果任务量较大，则需将其分解成多个小任务，量力而为地选择一定数量、今天能完成的活动。

接着将计时器设定为 25 分钟。如果自控力一般的话，不要使用手机上的计时器，因为手机带来的干扰较多；也不要使用机械计时器，因为机械计时器使用的过程中，发出的机械走动声音，会干扰学习。最好准备一个电子计时器，并保持学习环境的安静、整洁。

专注学习：在番茄时间内，逐个开始学习计划上的"今日待办任务"。在这一阶段应将所有注意力集中在当前的学习任务上，尽量避免分心或被干扰。如果在学习过程中突然想到其他事情，可以先简单记录下来，接着继续全身心投入到当前的学习任务中。

如果某项任务完成，对应的那个番茄钟也刚好结束，则将计划表上相应的学习任务划掉进入下一项任务即可。如果某项任务完成，但对应的番茄钟还没结束，可视情况而定：如果在番茄开始后的 5 分钟内便完成了任务，可以直接进行下一个任务；如果超过了 5 分钟，则可以利用剩下的时间复习，直到番茄钟响起；如果番茄钟响了，任务还没结束，则可稍作休息，再进入下一个番茄钟。

　　适当休息：一个番茄时间结束后，在该项任务后画一个"√"，表示完成了一个番茄钟，接着暂停学习并休息5分钟。切勿有"再多看几分钟就好了"的想法，就算真觉得再有几分钟便能完成手上的任务也要克制自己继续的冲动，因为那样会减慢下一个番茄钟的进度。

　　休息时，最好离开书桌，做一些有益身心放松的事，以保证大脑能得到充分休息，这样你可以在下一个番茄钟发挥得更出色。比如起身在房间里走一走，喝点水，设想一下假期去哪儿玩，也可以深呼吸，做做伸展运动。

　　休息时间千万不要做那些需要耗费大量脑力的复杂事情。比如，回顾刚刚所学的内容，与同学讨论问题，思考接下来要做的事项。以上活动会阻碍并破坏大脑的整合过程，而整合过程能让你在下一个番茄时间开始时集中精力。

　　因此，像这些消耗精力的事情可以加入待办清单或计划外的紧急事项，拿出专门的番茄钟来处理。刷手机、玩游戏这些被动使用注意力的事情，尽量不要去做，因为这些事情也是在向大脑输入信息，会消耗大量精力。

　　循环番茄钟：完成一个番茄钟后，继续进行下一个番茄钟，完成四个番茄钟后，记得休息长一点的时间，进行放松和脑力恢复。如同番茄钟与番茄钟之间的短暂休息一样，在这一休息时间内，同样不建议大家做复杂的事情。

使用番茄钟时需要注意，中断即为作废。前文提到番茄钟 25 分钟的学习时间是不可分割的最小时间单位，也就是说番茄钟一旦开始，便不能中断。

如果突发紧急情况打断了番茄钟的学习时间，使得当前任务无法继续，那么不管是暂时放下，还是长时间搁置，这个番茄时间都必须作废，对应的任务后不能画"√"，而要画个"×"，"×"表示中断的番茄钟。接着重启一个新的 25 分钟的番茄钟代替它。如果开始下一个番茄钟前，需要放松，则可以稍作休息再开始。

很多人会将作废的番茄钟视为失败，大可不必。一天内完成的番茄钟数不能用来衡量学习的能力。完成的番茄钟数多不代表学习能力突出，完成的番茄钟数少也不代表学习不好。

小贴士

番茄钟只是用来记录 25 分钟的连续学习，其个数可以作为调整第二天学习任务的依据。如果前一天完成情况不佳，第二天则可能需要安排较少的任务或者适当增加休息时间；如果前一天任务完成相对轻松，第二天则可以适当增加任务量或者提高任务难度，以提高学习的挑战性。

二、超级记忆进阶攻略

记忆是学习的基石，联想记忆法、链式记忆法以及缩编记忆法作为记忆的利器，可以帮助我们轻松记住各种知识点。

联想记忆法：最强大脑记忆秘诀

当我是一个新手老师时，有个问题一直困扰着我，那就是我认真地备课了，可上课时学生却不想听，甚至昏昏欲睡，但一下课刷起短视频来，他们就精神百倍。

为什么会这样呢？我曾无数次地问过自己，直到有一次请教了一个老教师才找到了问题的答案。他的回答是因为课堂不够生动活泼。他说大脑喜欢动态的、有画面的场景或故事，不喜欢静止的文字。所以课堂最好能调动起学生的发散思维，通过场景或故事加深对课堂知识的理解与记忆。

联想记忆法正是利用想象力来提高记忆效果的记忆方法。其核心是利用事物间的联系，通过将要记忆的内容与熟悉的场景或故事联系起来，利用大脑对视觉、情感和感官的记忆能力，使信息更容易被记住。

古希腊人认为联想是提升记忆力和思维能力的关键所

在，联想可以将各种信息和概念联系起来，形成新的认知模式，进而增强知识的凝聚力，加深人们对信息的理解和记忆。我将联想记忆法分为接近联想法、相似联想法、谐音联想法、归类联想法与对比联想法。

接近联想法利用两种事物之间的相近性或联系来帮助记忆。当一个事物与另一个事物有着某种相似或接近的特征时，我们可以将它们联系起来，以强化记忆。

举例来说，当你想要记忆英语单词"abundant"（丰富的）时，你可以通过将其同与之相近的词汇"abundance"（丰富）或者"abound"（充满）联系起来，从而更容易记住它的意思与用法，进而加深记忆。

相似联想法根据事物间相似的外部特征或性质上的联系，来加强记忆。例如在学习地理中一些国家或城市的位置时，可将它们与已知的地理位置或地标相联系，从而轻松记住其位置和特征。比如，要记忆法国的首都巴黎，可以将其与巴黎的标志性建筑埃菲尔铁塔联系起来。

谐音联想法利用谐音或类似音来加强记忆。当记忆英语单词、名字、数字或其他信息时，如果其发音与我们熟悉的词语在发音上相似，我们就可以将它们联系起来，让我们更容易记住它。

比如英语单词"pest"（害虫）可以使用谐音"拍死它"

来记忆。再比如数学中 π ≈ 3.1415926535，便有人是用谐音"山巅一寺一壶酒（3.14159），尔乐苦煞吾（26535）"来协助记忆，使得原本枯燥的记忆过程变得有趣生动。

归类联想法通过将要记忆的事物与同一类别中的其他事物联系起来的方式，进行记忆。比如学习化学元素周期表时，要记忆碱金属元素铷（Rb）和铯（Cs），我们可以将它们与同一族中其他熟悉的元素锂（Li）、钠（Na）和钾（K）联系起来。

学习数学中的几何图形时，可以将同类型图形的性质归到同一类别中，比如学习三角形时，可以将其内角和、外角和、高、中线、角平分线等相关概念联系起来，使记忆过程更加有条理。

对比联想法通过将相对或相反的事物联系起来，进行记忆和理解。比如，物理中的牛顿第一定律和牛顿第二定律是两个相对的概念，第一定律描述了物体在没有外力作用时保持静止或匀速直线运动的状态，而第二定律则描述了物体受到外力作用时其运动状态发生变化的规律。因此，可以利用两者间的对比关系来记忆这两个定律。再比如学习英语单词时，如果要记忆的单词含义，与另一个单词相对或相反时，也可以将这两个单词联系起来。例如"accept"（接受）与"reject"（拒绝）可以联系起来。

那么，如何使用联想记忆法？具体可参考以下步骤：

首先，确定要记忆的方法。根据要记忆的内容或信息选择合适的联想记忆法。记忆的内容可以是单词、数字、名字、日期等。

其次，创建生动的形象或场景。将要记忆的信息与生动的形象或场景联系起来。这个形象或场景不仅要与记忆的信息相关联，还应该是你熟悉或容易记住的。

接着，构建联想记忆链。将要记忆的信息以某种逻辑顺序或关联方式联结起来，形成一个联想链。使得每个信息都与前后的信息相关联，让整个记忆过程更加连贯。

最后，定期回顾强化。通过不断回顾强化记忆，加深对联想链的印象，使其作为长期记忆储存起来。

链式记忆法：记住文字资料的利器

我上小学时没有记忆方面的烦恼，但一上初中就开始觉得记忆力大不如前，英语单词要反复记七八遍才有印象，而且遇到形近的，很容易混淆。

我记得，当时我的初一语文课本第一篇课文是一首要求全文背诵的现代诗歌《在山的那边》。这首诗其实很好背，班上记忆力好的同学十分钟左右就能背下来。当第一个同学上

　　去找老师背时，我却依然背得很磕巴，当时的我很着急，因为在小学时，我通常是班里第一个上讲台找老师背诵的。

　　在这之后，我发现自己在背课文和英语单词时总要花很长时间。而且语文和英语的成绩也并不理想。我更喜欢数学这种逻辑性强的科目。在我看来，数学只要确定了解题思路，写出第一步，后面的步骤便可以迅速得出。

　　有一次，我背语文课文时突发奇想：语文跟英语这类文科科目是否也像数学一样存在内部联系，或者我们可以人为创造出内部联系？那天晚上回家后，我便上网搜索了一番，发现链式记忆法正是借助这一思路来辅助记忆的。

　　链式记忆法通过将信息以链条的形式相互关联，使各信息环环相扣，来帮助我们快速记住文字资料。这种方法的核心思想是将要记忆的内容串联起来，形成逻辑连贯的序列，使得记忆更加有条理。该记忆方法通常包括以下几个步骤：

　　第一步，一词五步，步步相连。五步的意思是记住任何一段信息都要经过"看清、熟读、释义、书写、再现"五个步骤。看清大概需要 3～5 秒，这一步要求看清所要记忆的内容，给大脑输送一个清晰而准确的信息，在大脑中形成正确的要背诵的内容。比如记英语单词，第一眼就要看清楚单词中的字母。熟读要求在 3～5 秒内诵读或默念所要记忆的内容。释义则须理解并朗读 2 ~ 3 遍所记内容的意思，这一步大约需要 10 秒钟。书写即连续书写 3 遍所记忆的内容，第一遍写的时候要边读边写；第二遍在心里默读，然后半默写，写不出来时继续边读边写的步骤；第三遍要求默写出来，并做到边写、边读、边想。再现即回想，这一步眼睛要离开材料，回忆前四步所记的内容，并默背一遍，使其在大脑中形成完整的概念。若回忆不清，则要重复前面相对应的记忆步骤，重新建立印象。

第二步，套记练习，递增递减。在这一步中，每记住一个内容便要立刻回忆上一个内容，做到环环相扣。具体如何做，这里有个口诀："连记记一接记二，记二复习一和二，记三复习二和三，记四复习三和四，记五复习四和五，记完复习一和五，最后复习一至五。"

以记英语单词为例，假设现在要记五个单词，当第一个单词按第一步中的方法记完后，立即用同样的方法记第二个单词，记完后立即复习第一个单词，复习时可以只读一遍单词和意思，可以不用书写。

第一个单词复习完成后，用同样的方法复习第二个单词，并增记第三个单词，增记完第三个单词后减掉第一个单词，依次复习第二个和第三个单词，并增记第四个，然后减掉第二个，接着复习第三个和第四个单词，并增记第五个，再减掉第三个单词，立即复习第四个和第五个单词，复习完成后，再次复习第一个和第五个单词，因为这两个相较其他三个少复习了一遍。

最后，重新复习一遍第一个至第五个单词。简单来说也就是记1—记2—习1—习2—记3—习2—习3—记4—习3—习4—记5—习4—习5—习1—习5—习1—习2—习3—习4—习5。记了一个新词，就要复习前面一个词和这个词，接着复习首尾词，最后所有词都复习一遍，这就是套记练习。

第三步，连环复习，按时按段。将所记内容组成单元或小组，对单元或小组进行第二步的套记练习。按时按段则要求按时间按阶段多次复习。按时要求早上记的内容早上全部复习一遍，上午记的内容上午复习一遍，下午记的内容下午复习一遍，当天记的内容晚上全部复习一遍。

按段要求每个章节、每个阶段记完后，都要进行复习。具体复习时间、次数视情况而定，记得熟的内容复习一两遍即可，记得不熟的内容，要多次复习直到熟悉。

小贴士

对于多次复习仍记不住的内容，可重点挑出来，视为新内容，回炉重记。

缩编记忆法：融会贯通，记得更牢

美国心理学家曾经做过一项实验，实验要求被测试者记忆 12 个排成一排的单词。实验结果显示，很少有人记错前两个词，但在第三个词之后，错误率明显变高。到了第七、第八个词时，出错率达到最高点，而后又逐渐减少。其中首位词和末尾词的正确率相对较高。

这一实验结果揭示了一个普遍存在的现象，即在一次记忆了大量知识点后，开头和结尾的记忆会更为清晰，中间部分会相对模糊，导致各知识点间相互混淆，答题时张冠李戴。

那么，如何解决这一问题呢？答案其实很简单，就是采取缩编记忆法。缩编记忆法，又称化繁为简记忆法，其基本思想是将需要记忆的大段内容进行概括和精简，提取出关键词或关键信息，并将它们串联成易于记忆的句子或段落。

大脑在处理记忆信息时，往往倾向关注一些突出的、有特殊意义的信息，而忽略或淡化一些次要的、重复的内容。通过将大段内容进行概括和精简，提取出其中的关键信息，不仅可以使得中间部分的内容大幅缩减，而且还可以帮助我们更好地利用大脑的记忆机制，提高记忆效果。

所谓的缩编记忆法就是我们把需要记忆的大量长段资料进行通读过后，进行分析、整理出资料的基本要素以及本质，然后排列组合成简单、短小、精练、便于记忆的熟悉句子。当需要提取记忆的材料时，只需把组合成的句子还原回去就可以了。

在学习过程中，我们可以将课本内容、笔记、讲义等进行缩编，提取出其中的关键信息，并将其串联成便于记忆的句子或段落。在应试过程中，我们也可以利用缩编记忆法来记忆和复习重要知识点，以提高答题效率和准确性。通过这种方式，我们可以更有效地应对各种学习和考试带来的挑战，提高学习效率和应试的成功率。

小贴士

缩编记忆法的运用范围非常广泛，尤其适用于要记忆较多资料的科目，比如政治、历史、生物，这种记忆法可以大大减轻大脑的记忆负担，迅速达到事半功倍的效果。

接下来，我们来看一下缩编记忆法的具体应用方法。使用缩编记忆法主要包括以下几个步骤：

首先，充分理解内容。通读需要记忆的内容。在拿到要记忆的资料后，要先朗读或者默读一遍。我比较喜欢朗读，因为朗读时注意力会相对更集中，再加上声音对大脑的刺激，会调动更多的神经细胞参与记忆活动，增强学习效果。

像自习室、图书馆等场合，无法进行朗读，可以选择默读的方式。通读可以帮助我们准确把握所背诵资料的内容，熟悉其中的生字、生词、句意。

其次，提取关键词。充分理解所要记忆的内容后，就需要找出其中的关键词。找关键词其实就是找代表，包含浏览、敲定和挖掘三个步骤。浏览的目的是再次熟悉内容，为准确定位各部分的关键字和关键词做准备。浏览遍数因人而异，一般为 2～3 遍。

敲定则是为了初步确定关键词。这一步我们可根据浏览结果，选择出那些最能代表核心内容的关键词或关键短语。这些关键词要既能全面、准确反映所要记忆的内容，又要能在之后的记忆过程中起到有效的引导作用。

挖掘的目的旨在深入挖掘找出更为隐晦或容易被忽略的关键词。有时候，关键词可能并不明显，需要我们更深层次地思考和分析。这些关键词可能是一些与主题相关的专有名词、术语或具有特殊意义的词汇。

最后，串联成句。我们将上一步中提取出的关键词串联成一句或一段简洁明了的话。在关键词之间建立逻辑联系，如顺序联系、因果联系、比较对比联系、空间位置联系等，使关键词自然且流畅地串联在一起。

一般情况下，建议将提取出的关键词按其在原始内容中的顺序进行排列。这样可以保持原始信息的逻辑结构，更好地把握内容的整体脉络。

也可以利用记忆技巧和联想方法组织、记忆关键词。比如，尝试将关键词串联成一个有趣的故事，或者将其与已有的知识点或形象进行联系。这种方式可以将抽象的关键词转化为具体的形象或场景，从而更加深入地理解和记忆这些信息。在组织关键词时，我们还需要注意保持句子或段落的简洁性和清晰性。避免使用过于复杂或晦涩的表达方式，以免增加记忆的难度。

小贴士

为了方便记忆，可以把关键字或者关键词进行谐音转化；如果原文内容比较简单，则无须精简，直接串联为原文即可。

比如《红楼梦》中贾宝玉第一次见林黛玉时的描写："两弯似蹙非蹙笼烟眉，一双似喜非喜含情目。态生两靥之愁，娇袭一身之病。泪光点点，娇喘微微。闲静似娇花照水，行动如弱柳扶风。心较比干多一窍，病如西子胜三分。"

使用缩编记忆法背诵上面这段话时，首先要做到充分理解这段话的内容，即在掌握生词、理解句意的基础上，体会其中的细腻情感和优美意境。

接着，提取关键词，这些关键词包括描述林黛玉外貌的词语，如"笼烟眉、含情目、两靥之愁、一身之病、泪光、娇喘、闲静似、行动如、心较比干、病如西子"。初步记忆时可以在每个关键词中再提取一个字连在一起，作为提示。比如"眉目愁病，累（泪）喘惊（静）动心病"。因为这段话本身比较简单，最后一步可尝试直接将关键词串联为原文。

再比如关于地理的一段："地球是一个由多个层次组成的球体，分为核心、地幔和地壳三个主要层次。核心是地球的最内部，分为外核和内核。外核主要由液态的铁和镍组成，而内核则由固态的铁和镍组成。地壳是地球的最外层，由岩石组成，可分为大陆地壳和海洋地壳两种类型。大陆地壳较厚，主要由花岗岩、片麻岩等岩石组成；海洋地壳较薄，主要由玄武岩构成。地幔是地球的中间层，由硅酸盐矿物组成，可分为上地幔和下地幔。上地幔主要由液态岩石组成，而下地幔则主要由固态岩石组成。"

使用缩编记忆法可提取如下关键词："地球、球体、核心、地幔、地壳、外核、内核、液态铁和镍、固态铁和

镍、岩石、大陆地壳、海洋地壳、硅酸盐矿物、上地幔、
下地幔。"

　　各关键词可串联为："地球是一个球体，分为核心、地幔
和地壳三层。核心在地球最内部，分外核和内核，外核与内
核分别由液态铁和镍与固态铁和镍组成。地壳是最外层，由
岩石组成，分为大陆与海洋两种，大陆地壳厚，由花岗岩、
片麻岩等岩石组成；海洋地壳薄，由玄武岩构成。地幔在中
间层，由硅酸盐矿物组成，分为上、下地幔，分别由液态和
固态岩石组成。"

　　通过将原始内容精简成关键词或关键信息，我们可以
更清晰地概括出整段内容的主要意思。然后，我们可以将
这些关键词串联起来，形成一个简洁而有条理的句子或段
落，以便于记忆和理解。通过这种方式，我们可以更高效
地掌握和记忆大量的知识内容。

　　最后，复习还原。这一步通过重温已经缩编过的关键
词或关键信息，来还原原始内容，还原的时候一定要注意
所记内容的整体性和正确性，否则还原的效果会大打折扣，
影响后续的复习。具体可以通过逐个回忆关键词，快速回
想起主要内容和逻辑结构，将分散的关键词串联成句来完
成。最后，尝试复述原文，并将其与原文进行对比，检查
自己对内容的记忆是否准确无误。

三、学霸都在用的学习秘籍

本章开头提到的知识不成体系这一问题，可以借助思维导图加以解决。思维导图学习法能帮助我们构建自己的学习体系，让复杂的知识结构变得清晰明了。至于复杂问题带来的困扰，我们可以尝试使用西蒙学习法，将问题拆解成小块，让学习简单易行。

思维导图学习法：构建自己的学习体系

我上学那会儿，周围使用思维导图工具的同学并不多，我也只是听过，但从未尝试用过这个工具。直到我进入一家跨境电商公司工作，才第一次接触并使用了这个工具。

我工作实习过不少公司，大多数公司都通过让老员工带新员工的方式来培训员工。但这家跨境电商公司却不是，他们录制了一套介绍工作内容的课程视频，详细展示了后台操作的每一个步骤。

入职的第一周，主管要求我们不要做任何工作，只看课程视频即可，但在看的过程中要用思维导图工具整理所学内容。这是我第一次见识到思维导图工具在学习中的强大应用。

在此之前我完全没接触过跨境电商，如果采用以往看视频结合做笔记的方式来学习，不但学习速度会慢很多，而且还很难一次性理清大量琐碎的实操细节。

　　思维导图通过树形结构的呈现，不仅使我快速地掌握了琐碎且重要的信息，还让我清晰了解了各部分的关系，不至于在一堆杂乱的信息中迷失方向。

　　思维导图学习法是一种基于思维导图的学习方法。思维导图由英国心理学家东尼·博赞（Tony Buzan）提出的。东尼·博赞是一位著名的心理学家，思维导图是他对大脑思维方式研究之后提出的一种图形化的学习工具。

　　前文提到过，相较文字，大脑更喜欢图像，我们小时候的学习也是由图片开始的。

　　思维导图作为图形化的学习工具，要求将主题或概念放置在中心，然后从中心向外延伸分支，进而形成一个具有层次结构的图像，主要用于整理、概括并可视化信息，在一定程度上还可以提高学习兴趣。

　　思维导图通过将相关概念以节点的形式连接在一起，使各个知识点间的关系一目了然，不仅有助于我们更好地理清思路并组织信息，还可以帮我们提高记忆力。

　　不管是教材内容还是课堂笔记都可以通过思维导图的形式呈现，前文讲到的康奈尔学习法，除了使用传统的文字形式，也可以结合思维导图来记录整理知识，思维导图能使我们更直观地把握知识间的结构和关系，从而更容易理解并记忆复杂的概念和关系。因此，思维导图可用于总结、复习和思考。

常见的思维导图种类繁多，风格各异。但根据呈现形式的不同，思维导图可分为三类：全图式思维导图、全文式思维导图、图文并茂式思维导图。

全图式思维导图，将所要表达的文字信息用图像的形式呈现。通过图像关联到思维导图所表达的内容，从而能更好地理解并记忆其中的信息，适用于梳理并展示概念。例如，用于整理课程内容、制订计划、思考问题等。其形式自由，呈现有趣，深受中小学生的喜爱。

全文式思维导图，则以文字作为主要元素，由文字和线条组成。通过标题、关键词等方式组织内容，清晰表达内容的逻辑和层次关系。

该类型的思维导图注重文字的精准表达，适用于整理文章结构、制作笔记、总结复习等，常见于各类辅导书中。纯文字的思维导图绘制简单快捷，是我平时整理知识点时，最喜欢使用的形式。

图文并茂式思维导图，将图形和文字相结合，既包含了图形化的分支结构，又有详细的文字说明，可以将知识点进行更加清晰地表达。

这种类型的思维导图综合了全图式和全文式的优点，适用于需要图文并茂的场景，如演讲稿或者项目报告等。

初学者可以优先使用这种思维导图，并在重点地方画上相应的图形，这样一来后续复习时重点内容一目了然，便于复习时的快速理解。

像学校手抄报、家庭树等创意作业可以用这类思维导图呈现，比如使用手抄报记录一次有意义的活动，要想内容丰富、不落俗套，则需要从不同角度描述并记录。而画好家庭树则需要梳理清楚家庭成员之间的关系，既包括横向之间的关系，也包括代际之间的关系。

这两种情况通过图文并茂式思维导图可以清晰地组织信息。拿家庭树来说，可以在理清家庭成员关系之后，先使用文字搭好框架，再贴上家庭成员的照片，以图形的方式直观展示家庭成员之间的关系，文字说明则能更清晰地呈现每个家庭成员的信息。

思维导图工具既然如此好用，那么接下来，我们重点来看一下如何使用思维导图工具整理笔记。其具体步骤如下：

首先，选择合适的工具。首先，选择一款方便自己使用的思维导图工具。目前有不少思维导图软件，如XMind、MindManager、MindMeister 等，大学生或者职场人士可以优先选择以上软件，但中小学学生更推荐使用传统的笔和纸绘制思维导图，同学们可以多准备几种颜色的笔，但笔的颜色也不要过于丰富。

其次，确定主题。一般情况，思维导图的主题可以是课程科目名称、章节标题、某个概念或者工作项目的名称等。以整理笔记为例，我们需要将要整理的笔记内容作为主题，放在思维导图的中心位置。

如果整理手写思维导图，则需找一张不包含线条或其他装饰的空白纸，以免分散绘制时的注意力。如果是 A4 纸，最好横向放（图 6-3 右），不要像平常一样竖向放（图 6-3 左），因为思维导图要向四周延伸，横向比竖向的空间大，方便添加分支。

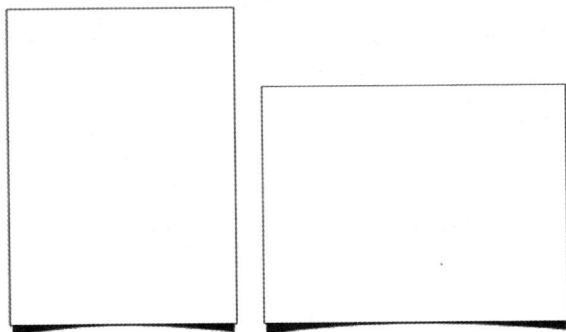

图 6-3　A4 纸竖向与横向对比

接着在这张纸最中心的位置，用文字写下核心主题作为思维导图的起点，并用彩色的笔圈起来。如果绘画功底不错，则可以在文字旁边画一个与主题有关的图像，以加深印象。

再次，添加主要分支。 从起点的核心主题出发，用线条来引出与主题相关的关键词，形成主题的分支，并在每个分支上写上一个关键词。以整理笔记为例，如果我们的主题是某一概念，则主要分支可以是该概念的定义、特征、性质、意义、分类、公式、应用、相关关系等。如图 6-4 所示。绘制分支时，从右上角开始，顺时针转到左上角结束。

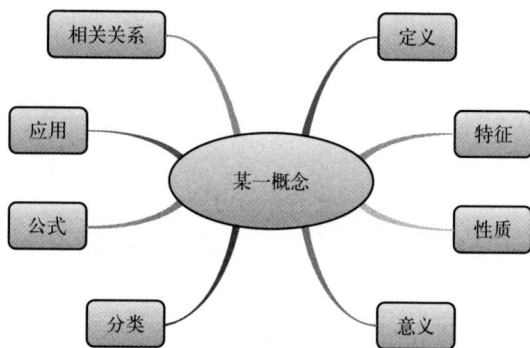

图 6-4　思维导图主分支

最后，展开次要分支。 在每个主要分支下方，引出线条添加次要分支，用于进一步展开说明主分支。次要分支包括细节说明、相关例子或者易混淆的概念等。如图 6-5 所示。若有必要，可对次要分支进一步展开说明。

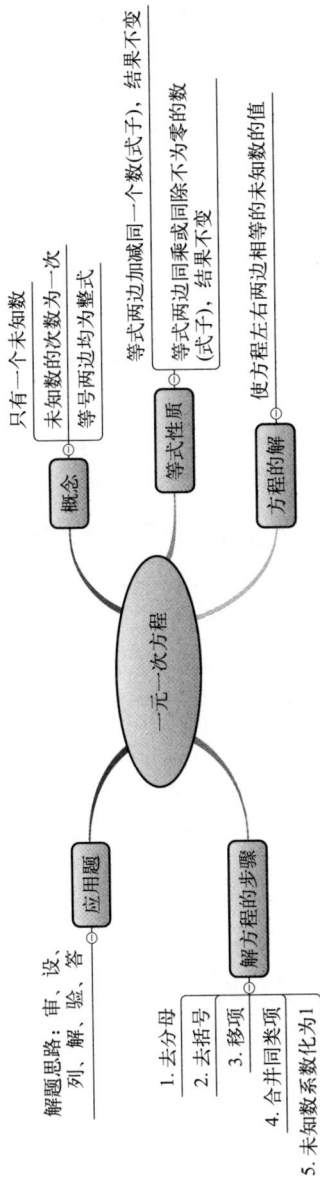

图6-5　有关一元一次方程的思维导图

一元一次方程

概念
- 只有一个未知数
- 未知数的次数为一次
- 等号两边均为整式

等式性质
- 等式两边加减同一个数(式子)，结果不变
- 等式两边同乘或同除不为零的数(式子)，结果不变

方程的解
- 使方程左右两边相等的未知数的值

应用题
- 解题思路：审、设、列、解、验、答

解方程的步骤
1. 去分母
2. 去括号
3. 移项
4. 合并同类项
5. 未知数系数化为1

　　完成思维导图后，可以通过复习和应用来加深对这个概念的理解和记忆。可以对照思维导图，尝试用自己的话重新组织并表达其中的内容。在后续的复习中，也可以借助思维导图巩固所学内容。

　　思维导图工具相对简单，但一定要在自己理解的基础上，亲自绘制。目前网上能找到不少别人做好的思维导图，可绘制思维导图同做笔记一样，只有自己整理绘制了，才会留下更深刻的印象。

　　绘制时要注意线条有粗有细。像一棵树一样，越靠近中心主题，线条越粗，越远离中心主题，线条越细。绘制时线条不宜过于直，使用弯曲的曲线即可，弯曲的曲线更容易激发大脑神经的活性。

　　此外，绘制思维导图时，还需注意以下几个方面：

　　一是保持简洁。很多同学在整理思维导图时，喜欢直接照搬课本中的原话，这样整理的思维导图不美观不说，更重要的是不方便后续的理解与记忆。

　　因此，在整理思维导图时，最好用关键词代替课本中的长篇大论。如果实在不好提炼关键词，也一定要转化为自己的话，简单明了地表述出来。

小贴士

思维导图中的每个节点只能包含一个主题或概念，切忌在一个分支上堆砌过多的信息。要保证思维导图的布局美观整洁，节点之间的间距均匀、排列有序，以提高可读性和视觉舒适度。

二是层次分明。思维导图同一分支上的各个概念之间是并列关系，上下层之间为包含关系。具体可按书本中的知识脉络画出各级框架，比如按照章节、小节、概念的顺序拆解，以保持思维导图的层次结构清晰。

在绘制的过程中要避免出现交叉连接或混乱的分支，如果有些分支间存在某种逻辑关系，则可以使用连线或者箭头的形式来标注。其中重要的信息可以使用不同颜色、添加符号或加粗字体等方式来突出。

三是持续更新。思维导图比较灵活，可以根据需要随时添加、删除或调整节点。在使用过程中，随着思考的深入和理解的变化，可以随时调整思维导图的结构和内容，确保它始终保持最新和最准确的信息。如果是纸质版的思维导图，可以在开始时适当保留若干空白分支，以便后续添加分支时使用。

小贴士

　　绘制思维导图的风格也可以根据个人的学习习惯和需求适当调整。每个人都有自己独特的学习风格和偏好，应该根据自己的情况选择最适合自己的思维导图。

西蒙学习法：拆解，让学习变简单

　　西蒙学习法由诺贝尔经济学奖获得者赫伯特·西蒙（Herbert A. Simon）教授提出，他认为："对有基础的人来说，只要肯下工夫，6个月可以掌握任何一门学问。"

　　对此，我们可以做个粗略的计算。心理学研究表明，人们记忆一个信息需要1到1.5分钟，假设一门学问中大约有5万个信息，记忆一个信息需要1.25分钟，每周学习40小时，掌握一门学问大约需要用50000个信息 × 每信息1.25分 ÷ 每小时60分 ÷ 每周40小时 ÷ 每月4.3周 ≈ 6个月。

　　西蒙学习法强调一段时间内持续学习一门学问，我们在学校虽然无法做到连续6个月只学习一门功课，但我们可以将这个时间缩短，比如可以连续一整天，一个下午或几个小时，集中精力学习或者复习某一门功课。

　　持续学习一门功课可以避免不同科目切换带来的注意

力分散，某一段时间内不断重复和应用所学内容，可以更好地加深记忆和理解。这好比凿石头，连续不断地发力，使得石头更容易被拆分，继而各个突破。西蒙学习法亦是如此，强调持续学习的同时，注重对知识点的拆解。

西蒙学习法最为关键的一步便是拆分。拆分是将所学内容分解成容易解决的小问题，集中精力对知识分而治之。这不仅可以有效降低学习难度，而且逐步攻克小问题也会给我们带来成就感和动力，因为每解决一个小问题意味着我们又向学习目标迈进了一步。

循序渐进式的进步可以不断激发我们的学习热情，使我们能持续投入到学习中。好比吃六寸的生日蛋糕，直接吃会无从下嘴，切成小块吃会相对轻松。

那么，知识要如何拆分？拆分到何种程度呢？

拆分最简单的方法是根据教材的章节目录进行分解，每次专注解决一小节的内容，逐步攻克，直到掌握所有内容。

在有基础的前提下，也可以根据自己对所学内容的理解，将相关联的知识点进行拆分。拆分时要注意拆分程度，一次学习任务不能过于繁重，因为过于困难的任务可能会带来挫败感，要保证自身能力在所解决问题的难度之上。但也不要拆得太细，太细会导致学习内容过于碎片化，难以整合，而且太细的话难度降低，过于轻松会产生消极懈怠的情绪，大大降低学习动力。

　　就像吃生日蛋糕，小孩子吃不了太多，切小块比较合适，大人吃得多些，切大块比较合适。

　　以备考英语为例，可以将其拆分为听力、口语、阅读、写作，其中每一项可以再作拆分。就拿阅读来说，假如你的目标是一个月阅读成绩提高10分，那么你可以将阅读备考分为几个关键步骤：背诵词汇、加强语法、学习阅读课程、阅读练习。拆分好后再将各个任务分配到不同的时间段。例如，每天只专注一项任务，或将各项任务安排在同一天的不同时间段。

小贴士

　　学习任务拆分完成后，接下来的关键是集中精力解决拆分好的小问题。分而治之让我们更加专注地对待每个小部分，从而深入理解并掌握知识。这个过程好比拼图，将每个小块放到正确位置后，整体画面才能完整呈现。